D1727329

Das Hirschgraben Deutschbuch

8

Erarbeitet von
Susanne Bonora, Scheßlitz
Julia Fliege, Scheßlitz
Claudia Kraus, Roßtal
Sylvelin Leipold, Burgebrach
Heike Potyra, Veitsbronn
Sigrid Puschner, Gersthofen
Christopher Strätling, Würzburg
Brigitte Vogel, Straßkirchen

Unter Beratung von
Manfred Lehner, Regensburg
Gisela Lürman, München
Werner Bayer, Tirschenreuth
Christoph Hartmann, Aschaffenburg
Werner Heidenreich, Nürnberg
Peter Lang, Freising

So kannst du mit dem
Hirschgraben Deutschbuch arbeiten:

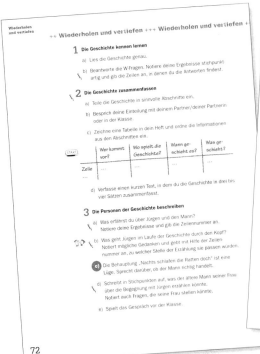

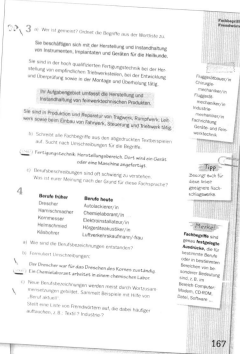

Wortlisten: Hier stehen Wörter für das Rechtschreibtraining.

Grundwissen Textsorten
▶ S. 180

Auf dieser Seite kannst du weiterarbeiten oder nachschlagen. Ein **f.** hinter der Seitenzahl bedeutet „und die folgende Seite", **ff.** bedeutet „und die folgenden Seiten".

Diese Zeichen bedeuten:

(START) — Starthilfe zum Lösen einer Aufgabe

✏ — Schreibaufgabe (Steht der Stift vor der Aufgabenzahl, ist die ganze Aufgabe schriftlich zu lösen.)

👥 — Partnerarbeit

👥👥 — Gruppenarbeit (zu dritt, höchstens zu viert)

Wiederholen und vertiefen — Auf diesen Seiten trainierst du für Probearbeiten.

Sprechen und schreiben

Arbeitstechniken

Richtig schreiben

Sprache untersuchen

Aufgaben mit erhöhter Leistungsanforderung

Inhaltsverzeichnis

Inhalt

alles Gute

nichts Gutes, wenig Gutes

allerlei Gutes, etwas Gutes

das Gute

Subjekt
Wer? Was?

Prädikat
Was wird getan?

Diskutieren und Stellung nehmen

Sich mit Meinungen auseinandersetzen

Keine Silikon-Implantate für Minderjährige

TODESURSACHE: FETTABSAUGEN

Der Traum vom perfekten Körper

Schönheitswahn mit bösen Folgen

`Großer Busen, großes Glück`

1 Schönheit um jeden Preis – ja oder nein? Wie denkst du darüber? Teile deine Meinung in einem Blitzlicht mit.

2 Untersucht die Schlagzeilen genauer: Welche Informationen könnt ihr ihnen entnehmen?

3 Erstellt ein Meinungsbild eurer Klasse. Klärt, wer für oder gegen Schönheitsoperationen ist.

Tipp

Blitzlicht:
Stimmungsbild der
Gruppe, jeder sagt
kurz, was er zu einem
Thema denkt. Es wird
nicht kommentiert!

So schön wie Nofretete
*Vor 100 Jahren wurde an der Charité
die erste Nase korrigiert*

Ein beträchtliches Ärgernis stelle seine Nase dar, klagte der junge Mann. Wo immer er hinkomme, würde er von allen 5 angestarrt, spöttische Bemerkungen und Gesten machten ihn melancholisch. Ein Berliner Chirurg nahm sich des traurigen Mannes an und ver- 10 kleinerte ihm im Mai 1898 die Nase. Trotz der sichtbaren Narben, so berichtete der jüdische Arzt Jacques Joseph, sei die „psychologische Wirkung des 15 Eingriffs von äußerster Bedeutung gewesen, die depressive Einstellung des Patienten ganz plötzlich abgeklungen".

Viele Schönheitsoperationen sind wegen des hohen Risikos abzulehnen. „Das Fettabsaugen ist ein ähn-
5 lich schwerer Eingriff wie eine große Darmoperation. Dabei kann es zu schweren Komplikationen wie Blutungen oder Embolien kom-
10 men", sagte Koch.

Jung lehnt daher plastische Eingriffe an Jugendlichen grundsätzlich ab. Ausgenommen davon seien lediglich Korrekturen, die gesund-
5 heitlich geboten seien – wie etwa die Operation einer verkrümmten Nasenscheidewand, die das Atmen behindere. „Ebenso die Korrektur von Deformitäten, die dem Kind
10 oder Jugendlichen durch Hohn und Spott einen erheblichen psychischen Leidensdruck aufbürden, sodass seine seelische Entwicklung stark beeinträchtigt wird", erklärt
15 der Chirurg. Dazu gehörten die allbekannten Segelohren sowie schwere Fehlbildungen der weiblichen Brust.

Wer gut aussieht, wird von seinen Mitmenschen als intelligenter und sympathischer eingestuft, zeigt eine amerikanische Studie.
5 „Schönheit", sagt der Psychologe Ronald Henss von der Universität Saarbrücken, „ist eines der wichtigsten Signale für den Wert eines Menschen." Schon halbjährige Ba-
10 bys fallen auf dieses simple Muster herein: Sie betrachten einen attraktiven Menschen mit harmonischen Gesichtszügen länger als einen unansehnlichen.

70-Jährige wollen den Zeichen des Alters mit Hilfe medizinischer Kunst ein Schnippchen schlagen.

Verheerende Folgen hat dieses Schönheitsideal vor allem bei Jugendlichen: Lassen sie schon in jungen Jahren eine Schönheits-
5 **operation durchführen, muss nach Angaben der Deutschen Gesellschaft für Ästhetisch-Plastische Chirurgie (DGÄPC) „ein Fünftel aller Operationen auf**
10 **Grund körperlicher Wachstumsveränderungen wiederholt oder korrigiert werden".**

4 a) Lies die Textausschnitte auf diesen beiden Seiten und gib den Inhalt mit eigenen Worten wieder.

b) Welche Texte sprechen sich für bzw. gegen Schönheitsoperationen aus?

5 Haben die Texte Auswirkungen auf deine Meinung?
Hat sich dein Standpunkt geändert oder gefestigt? Erkläre.

Miteinander diskutieren

Wenn man in einer Diskussion einen Standpunkt vertreten möchte,
sollte man seine Meinung begründen können.
Das Pro-und-Kontra-Spiel erleichtert euch den Weg zu einer erfolg-
reichen Diskussion.

Merke!

Gesprächsregeln:

- andere ausreden
  lassen
- gut zuhören
- sich auf die Vor-
  rednerin/den Vor-
  redner beziehen
- sachlich bleiben
- beim Thema blei-
  ben

Tipp

pro = für
kontra = gegen/wider

 1 Bildet zwei Großgruppen. Die eine soll den Standpunkt pro Schönheitsoperationen vertreten, die andere den Standpunkt kontra
Schönheitsoperationen.

 2 a) Sammelt sachliche Begründungen für euren Standpunkt.
Achtet dabei auf die Gesprächsregeln.

 b) Schreibt die Begründungen auf große Papierstreifen.

START *Veränderungen meist nicht mehr rückgängig zu machen*

 c) Sammelt Beispiele für eure Argumente und notiert sie ebenfalls
auf die Papierstreifen.

START *Neulich wurde im Fernsehen von einem Fall berichtet ...*

Merke!

Argument:
Behauptung mit
Begründung und/
oder Beispiel

3 Einigt euch, wer zu welchem Argument in der großen Diskussion
das Wort ergreifen soll. Teilt entsprechend die Papierstreifen unter
euch auf.

4 a) Öffnet eure Sitzordnung so, dass ihr der anderen Gruppe im Halbkreis gegenübersitzt.

b) Tragt nun der Gegenseite eure Argumente vor und legt den passenden Papierstreifen gut sichtbar in die Mitte eures Kreises. Versucht, auf den Beitrag eines Vorredners einzugehen. Nutzt dazu z. B. die Formulierungshilfen von unten.

Wenn man gleicher Meinung ist:

– Ich finde auch, dass ...
– Auch ich bin der Meinung, dass ...
– Das kann ich unterstützen, denn ...
– Ich möchte gerne ergänzen, dass ...

Wenn man gegenteiliger Meinung ist:

– Ich bin nicht der Meinung, dass ...
– Ich sehe das anders, weil ...
– Da muss ich dir widersprechen, denn ...
– Dagegen spricht aber, dass ...

Überzeugende Beiträge formulieren

Wenn du hässlich bist, kriegst du keine Freundin. Schau doch dich an!

Ich bin auch der Meinung, dass Fettabsaugen lebensgefährlich ist!

TV-Schönheitsoperationen finde ich dämlich, lieber schaue ich mir Krimis an, in denen richtige Action geboten wird.

Im Gegensatz zu Matthias und Thomas bin ich total gegen Schönheits-OPs, vor allem bei Jugendlichen. Erstens sind sie sehr teuer und zweitens können sie zur Folge haben, dass hässliche Narben entstehen.

Ich bin ebenfalls für Schönheits-OPs, weil hässliche Menschen oft geärgert werden. Ich kenne jemanden, der bisher oft wegen seiner großen abstehenden Ohren von seinen Klassenkameraden geärgert wurde. Eine Korrektur hat das beendet.

Ich bin der Meinung, dass Schönheitsoperationen super sind, weil gut aussehende Menschen in der Gesellschaft in vielen Bereichen größere Chancen haben.

1 a) Betrachte die Bilder und lies alle Diskussionsbeiträge.

b) Welche Gesprächsregeln werden eingehalten, welche verletzt?

c) Welche Beiträge hemmen die Diskussion? Begründe.

2 a) Manche Beiträge sind besonders überzeugend. Begründe deine
Einschätzung.

b) Deine Meinung ist überzeugend, wenn du deinen Standpunkt
begründest. Du kannst deine Meinung auch durch ein Beispiel
begründen.

> Ich denke, dass
> man durch eine Schönheits-
> operation nicht unbedingt beliebter wird.
> Durch die Korrektur ändert sich nämlich
> nicht der Charakter eines Menschen.

Tipp
Weiteres Material zu
diesem Thema findet
ihr auf S. 60 f.

Untersuche alle Beiträge von Seite 12 auf das Vorhandensein
von Behauptung und Begründung/Beispiel.
Übertrage dazu die Tabelle in dein Heft und führe sie fort.

Behauptung	Begründung oder Beispiel
Fettabsaugen ist lebensgefährlich.	Fehlt!
…	…
…	…
…	…

Einen Leserbrief
schreiben
▶ **S. 60**

c) Ergänze fehlende Begründungen.

d) Ergänze eigene Behauptungen mit Begründungen oder
Beispielen.

Schriftlich Argumente sammeln

1 Immer mehr Menschen suchen den Nervenkitzel bei Extremsportarten, z. B. beim Bungee-Jumping.
Was hältst du von diesem Freizeitvergnügen? Sammle in einem
Cluster Gründe, die dich für das Bungee-Jumping begeistern
könnten, und Gründe, die dich davon abhalten.

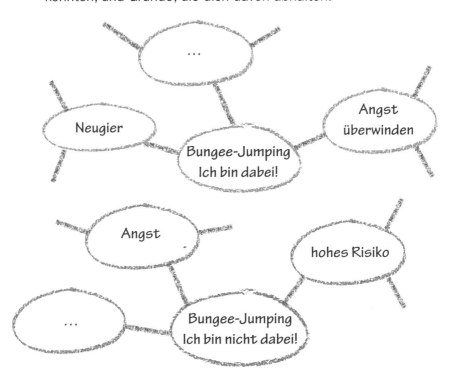

2 Informiere dich mit Hilfe der folgenden Texte über das Thema
Bungee-Jumping und ergänze deinen Cluster.

Kick und Fun

Manche lieben den Kick, auf einer Brücke zu stehen und sich vorzustellen, hinunterzuspringen. Ande-
5 ren reicht die Vorstellung nicht aus. Sie tun es. Ange-
bunden an ein Gummiseil, das durch einen Klettver-
schluss an den Knöcheln 10 befestigt wird, stehen sie
auf dem Brückengeländer oder dem Kran-Plateau. Der
Puls steigt, der Mund wird trocken. War die Entschei-
15 dung zum Bungee-Sprung vielleicht doch etwas vor-
eilig? Und das viele Geld! Doch Zeit zum Nachdenken bleibt jetzt nur noch 20 wenig. „One, two ... go!"
– langsam kippt der Ober-
körper nach vorne ...

Historische Entwicklung

Beim Bungee-Springen handelt es sich zwar um eine spektakuläre, aber relativ sichere Belastungsform. Schwere Unfälle
5 oder gar Todesfälle sind selten, aber nie ganz auszuschließen. Zur technischen Sicherheit tragen die Kontrolle durch den TÜV oder ähnliche Insti-
10 tutionen sowie eine ständige Weiterentwicklung der erforderlichen Ausrüstung bei.

Die Beschleunigungen liegen in einem Bereich, der bei Tä-
15 tigkeiten im Alltag und im Sport nicht selten überschritten wird. Das Seil bremst den Fall des Springers weicher ab, als man allgemein annimmt.

20 Einschränkend muss allerdings gesagt werden, dass sich eine bestimmte Gefahr aus der Tatsache ergibt, dass sich der Springer kopfüber in die Tiefe
25 stürzt. Das Blut schießt beim Abbremsen in den Kopf und die Volumen- und Druckverschiebungen können sich dadurch auf die Organe des Kopfes aus-
30 wirken. So können z. B. die Augen durch einen solchen Sprung geschädigt werden. Für Personen mit Vorschädigungen der Augen, wie Diabetiker, ist
35 Bungee-Springen deshalb nicht geeignet. Ein Restrisiko ist aber auch für gesunde Menschen vorhanden.
Auch für die Wirbelsäule ist ein
40 Kopfsprung in die Tiefe nicht immer ungefährlich. Kranke Wirbelsäulen können im Extremfall sogar brechen. Offen bleibt, inwieweit Kräfte, die
45 bei unkontrollierten Pendel- und Drehbewegungen auftreten können, auch bei einer gesunden Wirbelsäule zu einer Schädigung führen können.
50 Die Herzfrequenz steigt beim Sprung zwar stark an, aber die Belastung des Herz-Kreislauf-Systems liegt dennoch im Bereich intensiver sportlicher
55 Belastungen. In jedem Fall trägt dieser künstlich erzeugte Stress dazu bei, dass die Springer den gewünschten Nervenkitzel verspüren.

15

Argumente in Texten erkennen

Suche nach dem ultimativen Kick

Da viele vor der Langeweile ihres Alltags flüchten wollen, haben Extremsportarten einen großen Zulauf. Vor allem jünge-
5 re Menschen suchen nach diesen Herausforderungen. „Es ist wie eine Sucht", sagt Hans Kammerlander, „wenn ich oben bin, frage ich mich immer, warum ich
10 mich so quäle, und denke: Das ist garantiert das letzte Mal. Aber kaum bin ich zu Hause, denke ich an die nächste Herausforderung." Dieser Extremsport-
15 ler hat mehrere Achttausender allein bezwungen, zum Teil mit Skiern auf dem Rücken, um anschließend Steilhänge hinunterzufahren, bei denen ein Sturz
20 den sicheren Tod bedeutet hätte. Kammerlander braucht diese Adrenalinstöße, das berauschende Glücksgefühl, aber auch die totale Erschöpfung. Ähnliches
25 berichten sie alle, die sich Extremes zumuten, Reinhold Messner ebenso wie die Jungstars der Szene, die Huber-Buben. Extremsport ist für immer mehr
30 Menschen zu einer Möglichkeit geworden, noch wahre Abenteuer zu erleben, d. h. den Naturgewalten zu trotzen, die Grenzen der „eigenen Leistungsfähigkeit
35 zu erkunden und Risiko einzugehen. Nie hatten so viele Menschen so viel Freizeit. Ihre Arbeitszeit müssen sie allerdings überwiegend in geschlossenen Räumen
40 und in Städten verbringen. Aus diesem „Eingeschlossensein" erwächst offenbar bei vielen der Drang zum Abenteuer. Der Triathlonstar Andreas Nied-
45 rig z.B. sucht täglich den körperlichen Kraftakt in der Natur. Ice-Climbing, Canyoning, River-Rafting oder Free-Climbing: durch die Endung „-ing" kann
50 man den Eindruck gewinnen, bei etwas ganz Neuem dabei zu sein. Es ist zu einer Art Wettrennen geworden, den kommenden Trend zuerst zu erkennen und
55 damit der kommenden Sportart mit als Erster anzugehören. Bungee-Jumping ist zwar nicht mehr „mega-hip", aber gehört im kaum noch überschaubaren
60 Angebot an Trendsportarten zur „Fastfood"-Variante, da weder eigene Ausrüstung noch besondere körperliche Fähigkeiten erforderlich sind.
65 Der Freizeitforscher Prof. Opaschowski hat jetzt in einer Untersuchung festgestellt, welche Gründe für Extremsport am häufigsten genannt werden:
70 „Einfach Spaß haben", „Flucht vor Langeweile" und „den ultimativen Kick erleben".

Tipp
* ultimativer Kick = außerster Kick
* Adrenalin = Hormon, das bei Aufregung oder Stress ausgeschüttet wird.

---

1 Lies den Text. Fasse in eigenen Worten zusammen, worum es geht. Kläre unbekannte Wörter.

2 Stellt euch gegenseitig Fragen zum Text.

3 Im Text stehen viele Behauptungen, Begründungen und Beispiele, warum Extremsport gerne ausgeübt wird.
Lass dir eine Kopie des Textes geben und unterstreiche Behauptungen rot, Begründungen und Beispiele grün.

> „Es ist wie eine Sucht", sagt Hans Kammerlander, „wenn ich oben bin, frage ich mich immer, warum ich mich so quäle, und denke: Das ist garantiert das letzte Mal. Aber kaum bin ich zu Hause, denke ich an die nächste Herausforderung."

4 Anhand der Unterstreichungen kannst du leichter erkennen, welche Argumente für Extremsport stehen.
Formuliere mit Hilfe des Textes Argumente für Extremsport.
Schreibe mit eigenen Worten.

START Extremsport kann eine Sucht sein, weil manche die Adrenalinstöße und das berauschende Glücksgefühl brauchen. Von dieser Sucht berichten viele, die sich Extremes zumuten, z. B. Hans Kammerlander und Reinhold Messner.

Merke!
Wird eine **Behauptung sachlich begründet**, nennt man das ein **Argument**.

5 a) Sammelt weitere Informationen zum Thema Extremsport.

b) Notiert Argumente pro und kontra Extremsport in einer Tabelle.

START

Pro Extremsport	Kontra Extremsport
– macht Spaß, weil es etwas Neues ist	– ist gefährlich, weil oft ein Risiko dabei ist
…	…

c) Nicht immer ist es möglich, eindeutig pro und kontra Stellung zu beziehen. Oft möchte man sagen: „Einerseits ..., aber andererseits ..."
Formuliert solche Aussagen und besprecht, ob eure Meinungen übereinstimmen.

START Einerseits ist der Nervenkitzel für viele anziehend, andererseits ...

Argumente ausformulieren

1 a) Lies die folgenden Argumente pro und kontra Extremsport.

Extremsport auszuüben ist oft rücksichtslos.
Andere müssen ihr Leben aufs Spiel setzen, wenn zum Beispiel
Skifahrer auf verbotenen Pisten fahren und verunglücken.

Erst durch das Risiko wird Extremsport so spannend.
Wenn nichts passieren könnte, wäre es ohne Nervenkitzel.

Extremsport ist nicht gefährlicher als andere Sportarten.
Beim Radfahren kann man sich auch schwer verletzen.
Z. B. wenn man in einen Verkehrsunfall verwickelt wird.

Durch Extremsport steigert ein Jugendlicher sein Ansehen.
Er kann beweisen, dass er keine Angst hat.

b) Verbessere die Ausdrucksweise, indem du die Behauptungen
und Begründungen miteinander verknüpfst.
Die Formulierungen in der Tabelle können dir helfen.

Behauptung	Begründung/Beispiel
– Eine wichtige Rolle spielt ...	– Das liegt daran, dass ...
– Es ist zu bedenken, dass ...	– Deshalb ...
– *Außerdem darf man nicht vergessen, dass..*	– Darum ...
	– Daher ...
– Ein weiterer Gesichtspunkt ist ...	– ... beispielsweise ... / *z. B.*
– Hinzu kommt, dass ...	

2 Suche selbst weitere Formulierungen, die geeignet sind,
Behauptungen einzuleiten und mit Beispielen und Begründungen
zu verknüpfen.

Einleitung und Schluss schreiben

1 a) Ordne die folgenden Satzanfänge den verschiedenen Möglichkeiten für eine Einleitung zu.

b) Suche dir zwei Möglichkeiten aus und formuliere dazu je eine Einleitung von zwei bis drei Sätzen.

- „Sport ist Mord", so lautet ...
- Immer mehr Menschen suchen körperliche Herausforderungen in ...
- Der Unterschied zwischen Extremsportarten und herkömmlichen Sportarten liegt darin, dass ...
- In meinem letzten Urlaub beobachtete ich eine Gruppe Jugendlicher, die ...
- Bereits im Jahr 1953 fand die Erstbesteigung des Mount Everests durch Sir Edmund Hillary und Tenzing Norgay statt.

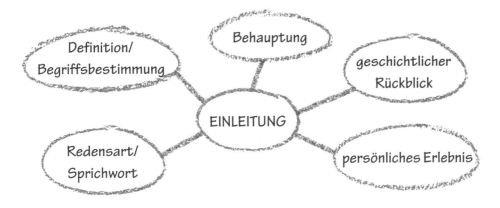

2 Für den Schluss deiner schriftlichen Stellungnahme bietet es sich an, dass du die Zusammenfassung der Argumente durch deine eigene Meinung abrundest.

Schreibe einen Schluss für deine Stellungnahme zum Thema „Bungee-Jumping – Ich bin (nicht) dabei!".

- Die wichtigsten Ursachen sind ...
- Ich bin deshalb dafür, dass ...
- Es zeigt sich, dass ...
- Meiner Meinung nach ...

3 „Bungee-Jumping – Ich bin (nicht) dabei."
Nimm schriftlich Stellung zu diesem Thema, z. B. in Form eines Artikels für die Schülerzeitung oder eines Leserbriefes.
Nutze deine Vorarbeiten von S. 14–19.

Großer Rausch aus kleiner Tüte

Schnaps-Brause als neues In-Getränk unter Jugendlichen im Kommen

Berlin. **Eltern aufgepasst: Seitdem eine Sondersteuer so genannte Alkopop-Getränke kräftig verteuert hat, ist der**
5 **Konsum bei Jugendlichen stark zurückgegangen. Dafür ist der Rausch aus der Tüte stark im Kommen, wie Verbraucherschützer warnen.**

10 Das Schnaps-Pulver ist – wie harmlose Kinderbrause auch – in unauffälligen Tütchen verpackt und gilt rechtlich nicht als alkoholisches Getränk.
15 Doch in jedem Beutel stecken laut Deklaration 4,8 Volumenprozent Alkohol – was etwa einem bis eineinhalb Gläschen Schnaps entspricht, wie Birgit
20 Rehlender, Ernährungsexpertin von Stiftung Warentest weiß: „Das ist genauso gefährlich wie die Alkopop-Flaschendrinks."
25 „Dröhnt gut zu", versprechen denn beispielsweise auch Hersteller des neuen In-Getränks auf ihrer Internet-Seite und locken mit niedrigen Preisen
30 für schmale Teenager-Geldbeutel mit dem Slogan „… Geschmack für wenig Knete", „ergiebiger als Muttis Spülmittel". Trotz aller Be-

35 mühungen des Gesetzgebers, Minderjährige vom Kauf hochprozentiger Alkopop-Drinks abzuhalten, ist offenbar eine Gesetzeslücke offen
40 geblieben – und die wird von den findigen Anbietern der Alko-Brause kräftig genutzt.

Indem der Alkohol als Instantpulver verkauft wird, wird
45 auch die seit letztem Sommer geltende Sondersteuer von 84 Cent pro 0,275-Liter-Flasche umschifft. Die hochprozentige, süßliche Brausemischung
50 in Wodka- oder Rum-Geschmacksrichtung kostet pro Tütchen 1,65 bis 2,40 Euro. In Wasser aufgelöst, lässt sich ein Viertelliter Alkopop daraus
55 mischen, und zwar billiger als die besteuerte Fertigmixtur in Flaschen.

Was die Verbraucherschützer zunehmend beunruhigt: Das
60 Trendpulver wurde anfangs zunächst als „Geheimtipp" übers Internet gehandelt. Neuerdings ist es auch an Tankstellen, Kiosken, in Getränkemärkten
65 oder Kneipen zu kaufen, meist direkt neben der Kasse platziert, so die jüngsten Marktbeobachtungen von Andrea

Schauff, Ernährungsspezia-
70 listin der Verbraucherzentrale Hessen. Das Jugendschutzgesetz wird in der Regel häufig umgangen, so die Erfahrungen Hauffs: Beim Internet-Ver-
75 kauf könne die Volljährigkeit gar nicht überprüft werden. Und auch im Laden werde das Pulver immer wieder ohne Nachfrage nach Alter und Per-
80 sonalausweis an Minderjährige verkauft – obwohl auf den Tüten die Warnung aufgedruckt sei: „Alkohol kann süchtig machen – Abgabe ab 18 Jahren."
85 Wer bei seinen Kindern die vermeintlich harmlosen Brausebeutel findet, sollte alarmiert sein, sagt Rehlender von Stiftung Warentest. „Das ist nicht
90 auf die leichte Schulter zu nehmen." Ob die Schnaps-Brause unaufgelöst in den Mund genommen oder als Instant-Lösung getrunken werde, sei egal.
95 Rausch bleibt Rausch. „Die Sondersteuer gehört auch aufs Pulver ausgeweitet", fordert Waltraud Fesser von der Verbraucherzentrale Rheinland-
100 Pfalz. Sobald Alkohol im Spiel sei, müssten die Jugendlichen geschützt werden.

1 a) Begründe, warum der Verbraucherschutz vor der Schnaps-Brause warnt.

b) Inwiefern gefährdet das Schnaps-Pulver die Gesundheit der Jugendlichen?
Nimm dazu Stellung.

2 Schreibe eine Stellungnahme zu einem selbst gewählten Thema.
Nutze dazu die Checkliste.

CHECKLISTE FÜR DIE SCHRIFTLICHE STELLUNGNAHME

Vorbereitungen

1. Aufgabe klären
- genau lesen
- Thema klären

2. Stoffsammlung erstellen
- eigenen Cluster erstellen
- Texte bearbeiten, Wichtiges unterstreichen
- wenn möglich Informationsquellen nutzen

3. Informationen ordnen
Ordne die Informationen den Teilen zu:
- Einleitung
- Hauptteil
- Schluss

4. Eigene Meinung bilden
Was schließt du aus deinen Informationen?

Schreiben der Stellungnahme

5. Einleitung schreiben
Nenne den Anlass deiner Stellungnahme und das Thema,
zu dem du Stellung nimmst.
- *Vor ein paar Tagen war ich …*
- *In den Medien ist immer öfter die Rede von …*
- *In einer Fernsehdiskussion ging es um die Frage …*
- *Zu Zeiten unserer Großeltern war es undenkbar, dass …*
- *Heftig umstritten ist in letzter Zeit …*
- *Viele Politiker/Lehrer/Wissenschaftler … beklagen …*

6. Hauptteil schreiben
Vertrete deinen Standpunkt mit Argumenten.
- Suche zwei bis drei Argumente.
- Achte auf sinnvolle Begründungen.
- Nutze Formulierungshilfen.

7. Schluss schreiben
Fasse deine Argumente kurz zusammen und formuliere
deine Meinung.
- *Ich vertrete die Ansicht, dass …*
- *Ich halte das für richtig, weil …*
- *Meiner Meinung/Ansicht nach …*

Das Betriebspraktikum

Erwartungen formulieren

Ich hoffe, dass es ganz anders als Schule wird!

Ob dies der richtige Beruf für mich ist?

Hoffentlich sind die Mitarbeiter nett!

Vielleicht verdiene ich da schon etwas!

Hoffentlich darf ich dort richtig arbeiten!

Ich hoffe, dass alle meine Fragen beantwortet werden!

Vielleicht springt da gleich ein Ausbildungsvertrag für mich raus!

1 a) Welche Erwartungen haben diese Schüler? Formuliere mit eigenen Worten.

b) Hinter diesen Erwartungen stecken Wünsche, aber auch Ängste. Findet sie heraus und notiert Stichpunkte.

 „Hoffentlich sind die Mitarbeiter nett!"
Wunsch: freundliche Aufnahme im Betrieb
Angst: keinen Ansprechpartner finden

2 Welche Erwartungen hast du selbst an dein Praktikum?

a) Schreibe deine Wünsche und Ängste in Form eines Clusters auf.

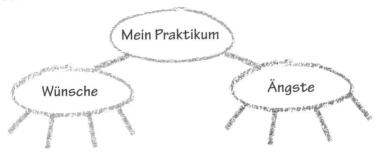

b) Sprecht in der Klasse darüber.

c) Sammelt in der Klasse alle von euch geäußerten Erwartungen und erstellt ein Ranking der Wünsche eurer Klasse.

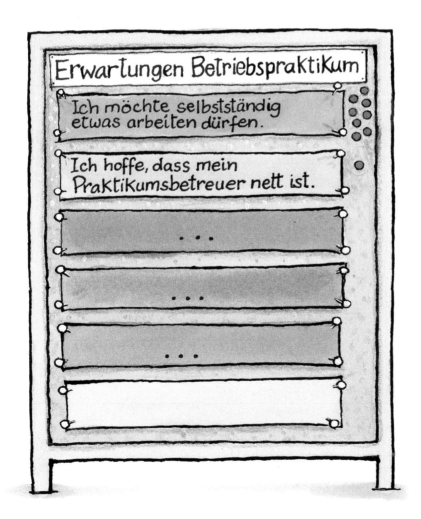

Tipp

Ranking:
Rangliste,
Bewertung

Suche nach dem Praktikumsplatz

Tina hat sich aus folgenden Gründen für den Beruf der Gärtnerin entschieden.

1 Erstelle einen passenden Cluster für deinen Wunschberuf.

2 Welche Möglichkeiten hast du, dir einen Praktikumsplatz zu suchen?

3 Tina sucht in den „Gelben Seiten" nach einem Praktikumsbetrieb.

a) Unter welchen Stichpunkten könnte sie nachschlagen?

b) Überlegt euch Kriterien, nach denen Tina einige Betriebe in die engere Wahl ziehen könnte.

c) Suche für deine Praktikumswünsche Betriebe in den „Gelben Seiten" oder im Internet unter www.gelbeseiten.de.

4 a) Lies die folgenden Anzeigen aus den „Gelben Seiten".
Welchen Betrieb würdest du für ein Praktikum auswählen?
Begründe.

Blumen Hund (Müller)
90425
Filiale Westfriedhof ... 33 11 22
Telefax ... 34 19 22
Mo–Fr 8.00–12.00, 14.00–18.00 Uhr
Sa 8.00–14.00 Uhr

BLUMEN BUCK
Telefon 48 25 89
Fax 48 71 23
Ihr Blumengeschäft am
Haupteingang Südfriedhof
• **Moderne Floristik** • **Trauergebinde**
• **Grabneuanlagen** • **Grabpflege**
Veilchenweg 57   90469 Nürnberg

BUCHNER ◀ GARTEN
RAUM ZUM LEBEN
◀ Garten-Neu- und Umgestaltung
◀ Pflege und Erhaltungsmaßnahmen
◀ Teiche, Bachläufe
◀ Natur- und Betonsteinpflaster
◀ Pflanzarbeiten
◀ Holzarbeiten
◀ Bauerngärten
◀ Zäune
Bussardstraße 12 • 90513 Zirndorf
Tel.: 0911/691722

BLUMEN KÜHN
FLORALDESIGN
Floristik • Fleurop-Service
FleuropCadeaux-Service • Raumbegrünung
Hydrokultur • Erdkultur • Textilpflanzen
Messe- und Eventdekoration • Mietpflanzen
90402 Nürnberg • Kirchgasse 13
Tel. 22 13 52 • Fax 20 94 53

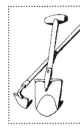
Bekan
Garten- und Landschaftsbau
Außenanlagen
Holz – Beton – Naturstein
90429 Nürnberg, Maxstr. 3
Tel + Fax (09 11) 28 90 56

Gärtner Zeil
Entwurf und Ausführung
von Traumgärten
90427 Nürnberg, Hauptstr. 41
Besichtigungstermine nach Vereinbarung
Telefon 38 19 12   •   Telefax 38 35 23

b) Welchen Anzeige passt am besten zu Tinas Vorstellungen?
Begründe deine Einschätzung.

5 a) Um Zeit und Geld zu sparen, bietet es sich an, den ausgewählten Betrieb anzurufen. Notiere dir auf einem Stichwortzettel wichtige Angaben und Fragen, die du stellen willst.

 b) Überlegt euch den Inhalt der einzelnen Gesprächsphasen.

Gespräch beginnen	····	**Gesprächs- anlass nennen**	····	**Gesprächsende formulieren**

• *Guten Tag,*   • ...   • ...
• *ich ...*   • ...   • ...

Informiert euch auch auf S. 36.

 6 Spielt die telefonische Kontaktaufnahme als Rollenspiel.

Tipp
Mögliche Angaben/
Fragen sind:
• Gesprächspartner:
Herr/Frau:
• Praktikumswoche
21.3.–25.3. möglich?
• Arbeitszeit?
• schriftliche Bewer-
bung nötig?
• persönliches Vor-
stellen erwünscht?

Persönlich Kontakt aufnehmen

1 a) Wenn du dich persönlich vorstellst, hast du verschiedene Möglichkeiten, einen Raum zu betreten. Welchen Eindruck vermittelst du jeweils?

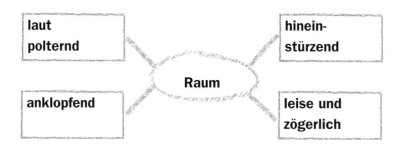

laut polternd	**hinein- stürzend**
Raum	
anklopfend	**leise und zögerlich**

b) Beschreibt gemeinsam die „Kunst", einen Raum zu betreten.

2 a) Welchen Eindruck hinterlässt die Bewerberin durch ihre Aussage und durch ihr Aussehen?

> Servus, wo ist denn hier der Chef?

Einen guten
Eindruck
hinterlassen
▶ S. 48 f.

b) Sammelt Formulierungen, mit denen ihr euch angemessen in dem Betrieb ankündigt.

angenehm
abweisend
höflich
kühl
sympathisch
nett
zu leise
zu förmlich

3 a) Spielt das Vorstellungsgespräch im Rollenspiel nach. Wenn möglich, nehmt es mit einer Videokamera auf.

b) Wertet anschließend das Rollenspiel aus. Dabei könnt ihr eure Gefühle mit den Wörtern aus der Wortliste beschreiben.

(START) *Es war für mich angenehm, dass du ...*
Deinen Händedruck fand ich abweisend, weil ...

Achte darauf: Wenn du deine Eindrücke der Partnerin/dem Partner mitteilst, darfst du keinesfalls verletzend sein. Formuliere immer als Ich-Botschaft.

Schriftlich bewerben

Möchtest du dein Praktikum in einem größeren Betrieb absolvieren,
wird oftmals eine schriftliche Bewerbung erwartet.

2005–02–03

Sabine Schmitt
Holunderweg 12
12345 Bad Wirsing
Tel. 0 32 16-1 23 45

•
•
•
•
•

Blumen Duft
Frau Duft
Am Stänglein 60
12345 Bad Wirsing

•
•
•
•

Bewerbung um einen Praktikumsplatz als Gärtnerin

•
•

Sehr geehrte Frau Duft,

•

durch meine telefonische Anfrage am ... habe ich erfahren, dass Sie interessierten Schülern die Möglichkeit geben, in Ihrem Betrieb ein Praktikum zu absolvieren. Ich möchte mich daher um eine Praktikumsstelle bewerben.

•

Zurzeit besuche ich die 8. Klasse der Hauptschule Bad Wirsing und werde diese voraussichtlich im Juli 200... mit dem qualifizierenden Hauptschulabschluss verlassen.

•

Im Rahmen der Berufsorientierung führt unsere Schule auch dieses Jahr ein verbindliches Betriebspraktikum durch. Es wird vom ... bis ... stattfinden.

•

In der letzten Zeit habe ich mich über verschiedene Berufsfelder informiert. Der Beruf der Gärtnerin hat mich besonders angesprochen. Die Möglichkeit, eine Praktikumswoche in Ihrem Unternehmen zu absolvieren, würde mir die Chance geben, die vielfältigen Aufgaben dieses Berufes noch genauer kennen zu lernen und zu überprüfen, ob ich für diesen Beruf geeignet bin.

•

Über eine Zusage würde ich mich sehr freuen.

•

Mit freundlichen Grüßen

•

Sabine Schmitt

Anlagen
Lebenslauf
Passfoto

Merke!

**Standardisiertes
Schreiben:**
formale und
allgemein aner-
kannte Briefform

Tipp

Manche Betriebe
verlangen zusätzlich
einen Lebenslauf.
Lies dazu auf
Seite 42 f. nach.

1 Schreibe nach diesem Muster einen standardisierten Brief, in dem du um einen Praktikumsplatz bittest.

Der Tagesbericht

Oje, bin ich fertig! Was habe ich eigentlich heute alles gemacht?

Da du während deines Praktikums eine Flut von Eindrücken gewinnst, ist es notwendig, wichtige Tätigkeiten, Beobachtungen, aber auch Besonderheiten und neu erworbene Kenntnisse zu notieren.
Am Ende deines Arbeitstages solltest du einen Tagesbericht anfertigen.

Tipp
Die Texte auf den Seiten 28–30 sind **Ausschnitte** aus Tagesberichten.

| Montag, 21. März | **Tagesbericht** | | |
| Dienstag, 22. März 2005 | **Tagesbericht** | | |
Zeit	Arbeitsplatz	Tätigkeiten/Beobachtungen	Anmerkungen
8:00	Lagerraum	– Gemüse und Salate gewaschen und gebündelt	kalte Hände
9:30	Lieferwagen	– mit Chefin Gemüse zum Markt gefahren	Radiomusik war klasse!
	Markt	– Ware ausgeladen – Lieferwagen gesäubert	musste alles ziemlich schnell gehen, war schwer
10:30		– Brotzeit beim Bäcker geholt	
10:40	Gewächs-haus	– dem Meister geholfen, kleine Gemüsepflanzen zu pikieren	war langwei-lig, Rücken-schmerzen
12:30	Pausenraum	– Mittagspause	

1 a) Beschreibt die äußere und inhaltliche Form dieses Ausschnitts eines Tagesberichts.

b) Sprecht über die Vorteile dieser Art der Aufzeichnung.

Der Wochenbericht

Am Ende der Woche stehst du vor der Aufgabe, deine Tagesberichte zu
einem Wochenbericht zusammenzufassen.

Mittwoch, 23. März 2005		**Tagesbericht**	
Zeit	Arbeitsplatz	Tätigkeiten/Beobachtungen	Anmerkungen
8:00	Freiland	– mit Kollegen Beet vor- bereitet (Spaten) – Beet mit Harke glatt gerecht	war noch sehr kalt
10:00		– Brotzeit beim Bäcker geholt	
10:30	Freiland	– dem Meister beim Pflanzen mit Pflanz- maschine zugeschaut	geht schön schnell
11:00	Gewächshaus	– Unkraut jäten bei jungen Kohl- pflanzen	
12:30	Pausenraum	– Mittagspause	

Donnerstag, 24. März 2005		**Tagesbericht**	
Zeit	Arbeitsplatz	Tätigkeiten/Beobachtungen	Anmerkungen
8:00	Gewächshaus	– Tomatenpflanzen umge- topft und ausgegeizt	Habe einige Fehler gemacht ▶ zu kleine Töpfe genommen
9:30	Lieferwagen Markt	– mit Chefin Gemüse zum Markt gefahren – Ware ausgeladen	
10:30		– Brotzeit beim Metzger geholt	
10:40	Freiland	– auf Freilandbeet Kopfsa- lat gesät – Folientunnel aufgebaut (Folie zugeschnitten)	Habe Folienlänge falsch berechnet ▶ zu kurz; Chef ist ausgeflippt
12:30	Pausenraum	– Mittagspause	

1 Du bekommst eine Kopie der Texte von Seite 28 bis 30.
Unterstreiche grün, welche Tätigkeiten die Praktikantin selbst
ausführen durfte. Unterstreiche blau, was sie beobachtet hat.

2 Markiere zusätzlich die Tätigkeiten, die sich wiederholt haben.
Welche waren besonders interessant?

Freitag, 25. März 2005		**Tagesbericht**	
Zeit	Arbeitsplatz	Tätigkeiten/Beobachtungen	Anmerkungen
8:00	Gewächshaus	– Pikierschalen gründlich gereinigt, zur Neubepflanzung vorbereitet und gestapelt	keine schwere Arbeit
9:30	Lieferwagen Markt	– mit Chefin Gemüse zum Markt gefahren – Ware ausgeladen	durfte beim Abwiegen helfen
10:30		– Brotzeit beim Bäcker und Metzger geholt	
10:40	Freiland	– für Meister verschiedene Bodenproben genommen, eingetütet und beschriftet – Kollegen beim Anmischen und Verteilen des Düngers zugeschaut	hat Spaß gemacht
12:30	Pausenraum	– Mittagspause	

Tipp

- Häufig …
- Vor Arbeitsbeginn …
- Jeden Morgen …
- Besonders interessant/spannend fand ich, …
- Der Meister erlaubte mir …/ traute mir zu …
- Ich konnte erkennen, dass …
- Ich durfte zuschauen, …
- Interessant war zu sehen, wie …

3 Der Hauptteil

Durch die verschiedenfarbige Markierung erkennst du bereits eine Struktur für den Hauptteil des Wochenberichts.

a) Welche Tätigkeiten wurden regelmäßig ausgeführt?

(START)

> Nahezu täglich begleitete ich die Chefin zum Markt und half beim Ein- und Ausladen des Lieferwagens. Das war …

b) Welche Tätigkeiten waren besonders interessant/schwierig/…?

(START)

> Ich durfte sogar selbstständig Bodenproben entnehmen. Das war eine verantwortungsvolle Aufgabe, denn …

c) Welche wichtigen Tätigkeiten konnten beobachtet werden?

(START)

> Ich konnte beobachten, wie mein Meister die Bodenproben untersuchte. Verwundert haben mich die unterschiedlichen Ergebnisse der einzelnen Böden. Sie sind Grundlage für Düngung und Bodenverbesserung.

4 Verfasse nun einen Hauptteil. Verwende als Grundlage die Ausschnitte der Tagesberichte und die Formulierungshilfen des Tippzettels.

5 Die Einleitung

Kläre mit einem Partner/einer Partnerin die W-Fragen.
Schreibe eine passende Einleitung.

In dieser Woche durfte ich vieles tun und
... beobachten.
... absolvierte ich mein Praktikum in der
Gärtnerei ... in ...
In der Woche vom ... bis ...
Meine tägliche Arbeitszeit erstreckte sich
von ... bis ...

6 Der Schlussteil

a) Welche Funktionen übernimmt der Schlussteil?
Erkläre es anhand des Beispiels.

...
Insgesamt war die Arbeit in der Gärtnerei
abwechslungsreich und interessant. Ich
erhielt einen guten Einblick in die Aufgaben-
bereiche und Tätigkeiten eines Gemüsegärtners
und lernte vieles dazu.
Trotzdem kann ich mir nicht vorstellen,
diesen Beruf einmal auszuüben. Die Arbeit im
Freien war sehr anstrengend und ich habe oft
gefroren. Außerdem wurden meine Hände rissig.
Durch das lange Stehen, z.B. beim Pikieren,
bekam ich Rückenschmerzen. Viele Arbeiten
verlangen Geduld und Fingerspitzengefühl.
Das ist nichts für mich. Dennoch hat mich
die Woche in meiner Berufsfindung weiter-
gebracht.

b) Zu welchem Schluss kommt die Praktikantin?
Wie begründet sie ihre Entscheidung?

c) Formuliert einen Schluss, in dem die Praktikantin sich für den
Beruf der Gärtnerin entscheidet. Achtet vor allem auf eine sorg-
fältige Begründung.

Merke!

**Schreiben eines
Wochenberichts:**
- Im Präteritum
schreiben
- Fachbegriffe
verwenden und
gegebenenfalls
erklären
- Vorgänge
möglichst genau
beschreiben

Das Praktikum auswerten

Hoffentlich sind die Mitarbeiter nett!

Ich habe mich sehr wohl gefühlt und mich mit meinen Kollegen gut verstanden!

Vorher   Nachher

1 Gegenüberstellung: Erwartungen und Erfahrungen

Auch du hattest Erwartungen an dein Praktikum. Vergleiche diese mit deinen tatsächlichen Erfahrungen. Stelle Erwartungen und Erfahrungen in einer Tabelle gegenüber.

Meine Hoffnungen/Erwartungen	Meine Erfahrungen
…	…

2 Kugellager

Informiert euch gegenseitig über eure Hoffnungen/Erwartungen und Erfahrungen mit der Methode „Kugellager".

a) Bildet einen Innen- und einen Außenkreis.

b) Die Personen im Außenkreis beginnen: Sie erzählen von ihren Hoffnungen/Erwartungen und Erfahrungen. Die Personen im Innenkreis hören zu.
Sie spiegeln die Aussagen wider, z. B.: Habe ich richtig verstanden, dass du …

c) Die Personen des Außenkreises bewegen sich im Uhrzeigersinn um drei Plätze weiter.
Nun erzählen die Personen des Innenkreises und die des Außenkreises spiegeln die Aussagen wider.

Tipp

Bestimmt eine Gesprächszeit, z. B. zwei Minuten. Legt fest, wie oft ihr wechseln möchtet.

3 Kurzreferat

Halte ein kurzes Referat über dein Praktikum. Der Wochenbericht ist Grundlage. Verwende passendes Anschauungsmaterial und schildere zusätzlich deinen schönsten Tag oder dein spannendstes Erlebnis.

**Kurzreferate
vorbereiten**
▶ S. 114 ff.

4 Auswertung in einer Ausstellung (Walking Gallery)

a) Bildet Kleingruppen. Die Teilnehmer einer Gruppe sollten ein Praktikum im gleichen Berufsfeld gemacht haben.

b) Wertet eure Praktika aus. Macht euch Stichpunkte.

c) Fertigt mit Hilfe eurer Stichpunkte ein Informationsplakat an.

d) Stellt eure Plakate aus. Je ein Gruppenmitglied bleibt als „Experte" beim Plakat stehen. Alle anderen Gruppenmitglieder betrachten und besprechen die Plakate der Ausstellung und können den „Experten" Fragen stellen.

Tipp

- Arbeitsort
- Arbeitsaufgaben
- Arbeitsmittel
- Voraussetzungen
- Besonderheiten
- Vor- und Nachteile

5 Dankschreiben

Bedenke, dass ein „Dankeschön" an den Praktikumsbetrieb einen guten Eindruck hinterlässt. Du solltest diese Chance nutzen, zum Beispiel in Form eines Briefes. Formuliere ein Dankschreiben an deinen Praktikumsbetrieb.

Tipp

Du kannst auch ein Info-Blatt am PC für deine Mitschülerinnen und Mitschüler erstellen.

**Standardisierter
Brief**
▶ S. 27

```
Carla Huber                          2005-04-02
Nelkenweg 12
92224 Amberg


Gärtnerei Reinlein
Am Hang 3
92224 Amberg


Mein Praktikum


Sehr geehrter Herr Reinlein,


auf diesem Wege möchte ich mich noch ein-
mal sehr herzlich für Ihre Bereitschaft
bedanken, mich als Praktikanten in Ihrer
Firma aufgenommen zu haben. Ich habe sehr
viel gelernt und ...
```

Sich bewerben

Einen Ausbildungsplatz suchen

1 Dieser junge Mensch meint, dass sein Berufswunsch auf einer festen Grundlage steht.
Welche Vorarbeit hat er geleistet?

2 Überlege, auf welchen Wegen du zu einer Ausbildungsstelle kommen kannst.

- Fähigkeiten erkannt
- Alternativen überlegt und ausgewählt
- Interessen abgeklärt
- körperliche und geistige Anforderungen kennen gelernt

Im Fachbereich Planung & Bau – Sachgebiet „Straßen" – ist zum 01.09.2005 ein

Ausbildungsplatz
im Ausbildungsberuf Straßenwärter/in

neu zu besetzen. Einsatzstelle: Straßenmeisterei Hollfeld.

Unsere Erwartungen:
- guter Hauptschulabschluss oder Abschluss mittlere Reife
- Mindestalter 18 Jahre
- Grundkenntnisse in EDV sind von Vorteil, aber nicht Voraussetzung

Wir suchen Jugendliche, die Interesse an einer abwechslungsreichen und vielseitigen Tätigkeit im Straßenunterhaltungsdienst haben.

Unser Angebot:
- 3-jährige Ausbildungszeit unter fachlicher praktischer Anleitung,
  verbunden mit Ablegung des Führerscheines Klasse C
- Übernahme in ein Beschäftigungsverhältnis wird nach erfolgreichem Abschluss in Aussicht gestellt

Haben wir Ihr Interesse geweckt?
Dann senden Sie Ihre aussagefähigen Bewerbungsunterlagen bis spätestens **12. April 2005** an oben stehende Adresse. Für weitere Informationen steht Ihnen die Straßenmeisterei Hollfeld, Tel.: 09147 850-127, gern zur Verfügung.

Landkreis Fröhlichhofen

Landratsamt
Sonnenstadt
– Personalabteilung –
Prinzregentenstr. 15
94788 Sonnenstadt

Suchen Sie eine Ausbildungsstelle
als Rechtsanwaltsgehilfin (Nbg.)?
Bei Interesse Bewerbungsunterlagen
anfordern unter:
Dr. Andreas George
Rechtsanwalt und Notar
Bergstr. 3
88299 Leutkirch

Tierarztpraxis in Ltk-Stadt
sucht freundliche, engagierte

Auszubildende

mit mögl. gutem Schulabschluss.

Bewerbungen bitte schriftl. mit
handgeschriebenem Lebenslauf an:
Dr. Susanne Kromann,
Sennerstr. 20, 88299 Leutkirch im Allgäu

3 Vergleiche die Stellenanzeigen auf Seite 34 und 35: Übertrage die Tabelle in dein Heft und notiere deine Ergebnisse.

	1	2	3
Beschreibung des Ausbildungsbetriebes			
Ausbildungsberuf			
Beginn der Ausbildung			
Schulabschluss			
Anforderungen			
geforderte Bewerbungs-unterlagen			
Name, Adresse, Telefon-nummer des Arbeitgebers			

4 a) Manchmal musst du aktiv werden, um für dich wichtige Informationen einzuholen. Warum? Erkläre es mit einem Beispiel.

b) Welche Informationen brauchst du noch? Warum?

5 Schreibe einen standardisierten Brief, in dem du um die Bewerbungsunterlagen bittest.

Interessen-geleitete Briefe
▶ S.27

Kontakt aufnehmen am Telefon

Ein erster Kontakt mit einem möglichen Betrieb ist sinnvoll, wenn
* du wissen möchtest, ob der Betrieb überhaupt ausbildet.
* in der Ausbildungsplatzanzeige wichtige Informationen fehlen.

Außerdem kannst du dich später in deiner schriftlichen Bewerbung auf das Telefonat beziehen.

Mit dem Telefongespräch vermittelst du einen ersten Eindruck von dir.

1 Formuliert anhand der Bilder Regeln und gestaltet ein Lernplakat.

2 Du möchtest nachfragen, ob der Betrieb ausbildet. Dazu brauchst du einen guten Beginn und Abschluss des Gesprächs.

> Hallo, habt ihr noch Ausbildungsplätze?

a) Welcher Gesprächsbeginn ist für ein offizielles Gespräch angemessen bzw. unangemessen? Begründe.

> Hallo, wer ist denn dran?

b) Wie beendest du höflich das Telefonat? Formuliere Beispiele.

> Guten Tag, mein Name ist Marc Opel ...

3 Führt vor der Klasse mehrere Rollenspiele durch, in denen ihr dieses Telefonat nachspielt.

> Wer ist denn hier zuständig?

Merke!

Phasen eines Telefongesprächs:
* Gesprächsbeginn
* Gesprächsanlass
* Gesprächsende

Für ein Telefonat brauchst du:
* Notizblock
* Stift
* Fragenzettel
* Ruhe

4 Selbst bei einem einfachen Gesprächsanlass musst du gut vorbereitet sein.
Formuliere folgende Gesprächsinhalte als Fragen. Erstelle deinen persönlichen Telefon-Notizzettel.

- Ausbildungs-
  platzvergabe
- Bewerbungs-
  voraussetzungen
- Bewerbungs-
  unterlagen
- Bewerbungs-
  zeitpunkt
- Kontaktperson

5 Achtung! Du musst sogar auf mögliche Rückfragen gefasst sein! Beantworte die Fragen aus der Sprechblase entsprechend deiner Situation.

Telefonnummer: _____ Datum: _____

Ansprechpartner: _____

1. Ich interessiere mich für den Beruf ...
   Vergeben Sie in diesem Bereich zum
   September 2005 noch Ausbildungsplätze?
   _____
   _____

2. ...
   _____
   _____

3. ...
   _____
   _____

4. ...
   _____
   _____

Warum dieser Beruf?
Wann Schulende?
Welche Praktika?
Welcher Schulabschluss?
Warum unsere Firma?
Welche Schullaufbahn?

 6 Spielt das Telefongespräch entsprechend eurer Situation nach.

Das Bewerbungsschreiben

Merke!

Standardisiertes Schreiben:
formale und allgemein anerkannte Briefform

1

Sabine Holz
Eichenweg 14
12345 Neustadt
Tel. 04116-12345

Herrn
Karl-Heinz Fichte
Kastanienstraße 60
12345 Neustadt

2005–02–03

2 Bewerbung um einen Ausbildungsplatz als Tischlerin

Sehr geehrter Herr Fichte,

nochmals vielen Dank für das freundliche Telefonat, in dem ich erfuhr, dass Sie einen Ausbildungsplatz zum 1. September 2005 neu besetzen. Ich möchte mich um diesen Ausbildungsplatz bewerben.

Zurzeit besuche ich die 8. Klasse der Hauptschule Neustadt und werde diese voraussichtlich im Juni 2006 mit dem qualifizierenden Hauptschulabschluss verlassen.

3

Aus Holz praktische oder auch schöne Dinge herzustellen fasziniert mich schon seit Jahren. Mittlerweile habe ich zu Hause im Keller eine richtige kleine Holzwerkstatt, in der ich schon einige Kleinmöbel mit meinem Vater gebaut habe.

Im Betriebspraktikum in einer Zimmerei wurde mir klar, dass mir feineres Arbeiten mit Holz am meisten liegt. Bei der Berufsberatung habe ich mich auch schon darüber informiert, wie ich mich in meinem zukünftigen Beruf weiterentwickeln kann. Am interessantesten finde ich die Möglichkeit, durch einen Lehrgang später einmal Restauratorin im Tischlerhandwerk zu werden. Da Sie dafür bekannt sind, alte Möbel sehr fachmännisch zu restaurieren, würde ich sehr gerne in Ihrem Betrieb zu einer guten Tischlerin ausgebildet werden.

Über eine Einladung zu einem Vorstellungsgespräch würde ich mich sehr freuen.

Mit freundlichen Grüßen

4

Sabine Holz

5

Anlagen
Lebenslauf
Zwischenzeugnis 8. Klasse
Passfoto

Tipp

Wenn du den M-Zug besuchst, musst du **Mittleren Bildungsabschluss** statt **qualifizierenden Hauptschulabschluss** schreiben.

Merke!

Bezeichnungen der Bausteine eines standardisierten Briefes:
- Anlagen
- Bewerbungstext
- Anrede
- Grußformel mit Unterschrift
- Briefkopf mit Absender, Datum und Adressat
- Betreffzeile, die über den Inhalt des Briefes informiert

1 Die äußere Form

a) Wähle aus dem Merkkasten die richtigen Bezeichnungen für die nummerierten Bausteine des Briefes.

b) Warum ist die äußere Form eines Bewerbungsschreibens von großer Bedeutung?

2 Der Inhalt: Fahrplan zum Bewerbungsschreiben

Zeige mit Hilfe des Fahrplanes auf, dass alle Bausteine eines guten Bewerbungsschreibens vorhanden sind.

… in dem gestrigen Telefongespräch haben Sie mir bestätigt, dass Sie auch in diesem Jahr wieder Ausbildungsplätze vergeben. Ich möchte mich um einen solchen Platz bewerben und schicke Ihnen deshalb die geforderten Unterlagen zu.

Derzeit besuche ich die 8. Klasse der Hauptschule Schammelsdorf. Voraussichtlich werde ich diese im Juni 2006 mit dem qualifizierenden Hauptschulabschluss verlassen.

Da ich mich sehr für Tiere interessiere und mich oft in der Freizeit mit ihnen beschäftige, möchte ich den Beruf der Tierarzthelferin erlernen. Über die Tätigkeiten und Anforderungen habe ich mich in den Veröffentlichungen der Agentur für Arbeit informiert.

Auch habe ich mein Betriebspraktikum in einer Tierarztpraxis absolviert und konnte erkennen, dass dieser Beruf sehr abwechslungsreich ist und meinen Fähigkeiten entspricht. Außerdem gehören Biologie und Deutsch zu meinen Lieblingsfächern in der Schule. Aus meinen eigenen Erfahrungen mit Ihrer Praxis weiß ich, dass ein gutes Betriebsklima herrscht und Sie mir eine sehr qualifizierte Ausbildung bieten könnten. Ich würde mich sehr freuen, wenn ich zu einem Vorstellungsgespräch zu Ihnen kommen dürfte.

Fahrplan zum Inhalt eines Bewerbungsschreibens

A) Anliegen / *Einleitung*
- Woher weißt du, dass der Betrieb Ausbildungsplätze anbietet?
- Für welchen Ausbildungsberuf bewirbst du dich?

B) Persönliche Situation
- Welche Schule und Klasse besuchst du?
- Welchen Schulabschluss wirst du machen? *strebst du an*

C) Begründung
- Was weißt du über den Ausbildungsberuf?
- Woher hast du die entsprechenden Informationen?
- Warum hast du ausgerechnet diesen Beruf gewählt?
- Warum glaubst du, dass du für den Beruf geeignet bist?
- Warum möchtest du ausgerechnet in diesem Betrieb deine Ausbildung absolvieren?

D) Bitte um ein Vorstellungsgespräch

3 Nimm zu folgender Aussage Stellung: Sich bewerben heißt für sich werben.

Merke!

Bestandteile der Bewerbungsmappe:
- Anschreiben
- Lebenslauf
- Professionelles Bewerbungsfoto
- Kopien der Zeugnisse
- Bescheinigung über Praktika

Tipp

Bewerbungshilfen im Internet:
www.bewerben.de
www.bewerbung.de
www.jobfit.de
www.erfolgreicher-bewerben.de

4 A: Das Anliegen formulieren

Der wichtigste, aber auch schwierigste Teil deines Bewerbungsschreibens ist der eigentliche Bewerbungstext.

Im ersten Absatz nennst du die Informationsquelle (A), aus der du von deinem Ausbildungsplatz weißt, und formulierst dein Anliegen (B), also warum du dich bewirbst.

(A)

Durch ihre Anzeige im ... vom ...   habe ich erfahren/vernommen, dass ...

In Ihrer Anzeige im ... vom ...   suchen Sie ...

Mit großem Interesse ...   bieten Sie ... an.

bin ich darauf aufmerksam geworden, dass ...

(B)

Deshalb/Darum bewerbe ich mich ...   ... in Ihrem Betrieb.

Ich bewerbe mich daher um ...   ... in Ihrem Unternehmen.

Darum bewerbe ich mich ...   ... in Ihrem Labor.

Schreibe verschiedene Formulierungen in ganzen Sätzen.

5 B: Zur persönlichen Situation schreiben

a) Welche Fragen werden in diesem Absatz beantwortet?

... Zurzeit besuche ich die achte Klasse der Volksschule ...,
die ich voraussichtlich im Juli 2006 mit dem qualifizierenden
Hauptschulabschluss verlassen werde. ...

b) Formuliere einen aussagekräftigen Satz, der deine persönliche Situation beschreibt.

6 C: Die Begründung formulieren

Jeder Bewerber hat seine eigenen Gründe für die Wahl seines Berufes.

a) Welche Gründe werden in dem Bewerbungsschreiben auf der Seite 38 genannt?

> Natur finde ich super. Reiten ist mein größtes Hobby. Während des Praktikums in einem Blumenladen lernte ich, Sträuße zu binden, und durfte sogar mal einen Kranz gestalten. Das machte mir viel Spaß. Eigentlich hat mir alles gefallen, aber das blöde Kehren immerzu hat mich genervt.

> Seit über neun Jahren interessiere ich mich für die Motortechnik von Landmaschinen. Traktoren sind meine Leidenschaft! Immer schon half ich meinem Vater bei der Reparatur unserer Maschinen und darf mittlerweile selbstständig Einzelteile ein- und ausbauen. Für mich ist es sehr spannend, ob der Motor hinterher läuft oder nicht. In der Agentur für Arbeit war ich auch schon und dort hat der Eignungstest ergeben, dass ich praktisches Geschick und technisches Verständnis mitbringe.

b) Wie beurteilst du diese Begründungen für eine Berufswahl?

c) Formuliere die Aussage in der linken Sprechblase so um, dass sie einen Ausbilder überzeugt.

d) Begründe, warum du dich für deinen Ausbildungsberuf entschieden hast. Denke an die verschiedenen möglichen Elemente einer Begründung.

Formulierungshilfen für Begründungen

Große Freude bereitet mir ...
Ich interessiere mich für ..., da ...
Im Rahmen des Betriebspraktikums konnte ich feststellen, dass ...
Der Beruf des/der ... interessiert mich, weil ...
Eignungstests ergaben, dass ...
In meiner Freizeit beschäftige ich mich ...
Über das BIZ ...
Ich möchte diesen Beruf gerne ergreifen, da ...
Zusätzlich habe ich mich ausführlich über ... informiert.

Merke!

Mögliche Elemente einer Begründung:
- Interesse
- Erfahrung
- Praktika
- Agentur für Arbeit
- Berufsberatung
- BIZ
- Beruf aktuell
- Hobbys
- Eignung
- Besondere Schulfächer
- Freizeit

7 D: Bitte um Kontaktaufnahme

Im letzten Satz musst du um ein Vorstellungsgespräch bzw. um die Kontaktaufnahme bitten. Formuliere Beispiele.

Der Lebenslauf

Der Lebenslauf ist Teil deiner Bewerbung. Auch diese Form ist klar vorgegeben und gegliedert. In der Regel wird von den Firmen ein tabellarischer Lebenslauf verlangt.

Lebenslauf

Persönliche Daten

Name, Vorname:	Fliege, Fritz
Anschrift:	Stubenstraße 5
	96123 Litzendorf
Geburtsdatum:	18. März 1990
Geburtsort:	Bamberg
Staatsangehörigkeit:	deutsch
Eltern:	Franz Fliege, Kfz-Mechatroniker
	Frieda Fliege, geb. Biene, Frisörin
Geschwister:	Eva, 7 Jahre
	Henrik, 3 Jahre

Ausbildungsdaten

Schulbildung:	1996–2000 Grundschule Litzendorf
	seit September 2000 Hauptschule Litzendorf
Schulabschluss:	Juli 2005,
	voraussichtlich qualifizierender Hauptschulabschluss

Sonstiges

Lieblingsfächer:	Deutsch, Informatik,
	Gewerblich-technischer Bereich (GtB)
Praktikum:	März 2004,
	Praktikum in der Autowerkstatt Hummel, Bamberg
Besondere Kenntnisse:	EDV
Hobbys:	Computer, Fußball spielen, lesen

Fritz Fliege

Litzendorf, den 1. April 2005

1 Suche Begründungen, weshalb Betriebe neben dem Bewerbungs-schreiben noch einen Lebenslauf verlangen.

2 Erstelle am Computer deinen eigenen Lebenslauf. Nimm das Muster zu Hilfe.

Tipp

Verwende in Word die Tabellenfunktions-taste und setze die Linien in den Hinter-grund.

3 Manche Betriebe verlangen von ihren Bewerbern einen ausführlichen, handgeschriebenen Lebenslauf.
Begründe, weshalb manche Betriebe den Lebenslauf in dieser Form fordern.

Fritz Fliege
Stubenstraße 5
96123 Litzendorf

Lebenslauf

Am 18. März 1990 kam ich als erstes Kind des Kfz-Mechatronikers Franz Fliege und seiner Ehefrau Frieda, geborene Biene, in Bamberg zur Welt. Meine beiden jüngeren Geschwister heißen Eva, 7 Jahre, und Henrik, 3 Jahre.
Ich besitze die deutsche Staatsbürgerschaft.

Im September 1996 kam ich in die Grundschule Litzendorf.
Seit September 2000 besuche ich die Hauptschule Litzendorf. Im Juli 2005 werde ich voraussichtlich meine neunjährige Schulzeit mit dem qualifizierenden Hauptschulabschluss beenden.

Meine Lieblingsfächer sind Deutsch und Informatik sowie GtB. Seit einem Jahr besuche ich regelmäßig den Kurs Informatik. Mein Praktikum in der Autowerkstatt Hummel in Bamberg absolvierte ich im März 2004.

Da ich auch in meiner Freizeit mit dem Computer arbeite, besitze ich Grundkenntnisse in EDV. Außerdem spiele ich Fußball in einem Verein und lese gern.

Litzendorf, den 1. April 2005
Fritz Fliege

4 Vergleiche Inhalt und Form beider Lebensläufe. Suche mögliche Vor- und Nachteile für den Verfasser und den Leser.

5 Verfasse deinen eigenen ausführlichen, handgeschriebenen Lebenslauf. Verwende ein weißes DIN-A4-Blatt.

Die äußere Form gestalten

Auch die äußere Form deines Bewerbungsschreibens ist ausschlaggebend dafür, ob du zu einem Einstellungstest oder einem Vorstellungsgespräch eingeladen wirst.

1 Normalerweise werden das Bewerbungsschreiben und der Lebenslauf am Computer erstellt. Welche Vorteile bringt das?

2 Überarbeite dein Bewerbungsschreiben in folgenden Schritten:

a) Wenn du deine Bewerbung am Computer schreibst, musst du vorher überprüfen, ob die Seitenränder richtig eingestellt sind. Öffne dazu im Menü „Datei" das Fenster „Seite einrichten" und übernimm folgende Angaben:

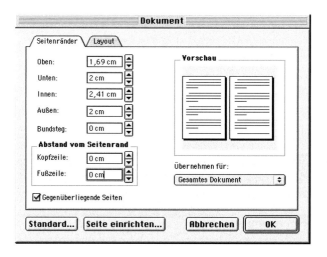

b) Überprüfe am Bewerbungsschreiben auf Seite 38

- die richtige Anordnung der einzelnen Elemente des Briefkopfes.
- die Anzahl der Leerzeilen zwischen den Bausteinen.
- die Form der Absätze.

c) Nachdem du dein Bewerbungsschreiben erstellt hast, führe mit Hilfe des Menüs „Extras" die automatische Rechtschreibprüfung und Silbentrennung durch.

d) Mache einen Probeausdruck und lies ihn noch einmal Korrektur. Sind alle Sätze korrekt und vollständig? Sind alle Wörter richtig geschrieben?

5 Vergiss nicht, deinen Text auf Diskette oder CD zu speichern.

Checkliste für Bewerbungs-unterlagen

Äußere Form
- nur unlinierts, weißes DIN-A4-Papier verwenden
- Papier nur einseitig beschreiben
- Bewerbungsunterlagen dürfen keinerlei Fehler, Flecken und auch keine Verbesserungen enthalten

Bewerbungsschreiben
- Vollständigkeit der Bausteine überprüfen
- nur Original verschicken
- (handgeschriebene) Unterschrift nicht vergessen
- korrekte Rechtschreibung überprüfen, z. B. Großschreibung der Anredepronomen
- Umfang nur eine Seite

Lebenslauf
- Art des Lebenslaufes im Betrieb erfragen
- Vollständigkeit der Bausteine überprüfen
- nur Original verschicken
- handgeschriebene Unterschrift nicht vergessen
- gelungenes farbiges Passfoto oben rechts ankleben, keine Büro-klammer verwenden, eventuell Adresse auf Rückseite des Fotos vermerken

Anlagen
- Zeugnisse nie im Original, sondern als Kopie beilegen
- auf Lesbarkeit und Druckqualität achten

Versendung
- Bewerbungsunterlagen in der richtigen Reihenfolge zusammenlegen:
  1 Bewerbungsschreiben
  2 Lebenslauf mit Passfoto
  3 Kopien der verlangten Zeugnisse (das letzte kommt zuerst)
  4 sonstige Bescheinigungen
- Unterlagen durch Klarsichthüllen schützen
- Bewerbungsunterlagen in DIN-A4-Umschlag versenden
- Absender, Adresse überprüfen und Brief ausreichend frankieren
- zur Post bringen

1 Überprüfe mit Hilfe der Checkliste deine Bewerbungsunterlagen.

Das Vorstellungsgespräch

War deine schriftliche Bewerbung interessant und aussagekräftig, bekommst du eine Einladung zum Vorstellungsgespräch, denn der Personalchef/die Personalchefin möchte dich persönlich kennen lernen. Das Vorstellungsgespräch entscheidet, welcher Bewerber ausgewählt wird.

1 Überlege, warum der Personalchef/die Personalchefin sich ein persönliches Bild von dir machen möchte.

2 a) Lest folgenden Dialog in verteilten Rollen.

> Heinz Krose (H. K.) hat ein Vorstellungsgespräch am Freitag um 11 Uhr. Abgehetzt stürzt er in das Büro der Personalchefin Frau Bora (F. B.).
>
> H. K.: Hallo, Frau äh ..., ist mir doch der Bus vor der Nase weggefahren. Dabei hatte ich mir vorgenommen, heute ganz pünktlich zu sein.
>
> F. B.: Grüß Gott, Herr Krose. Nehmen Sie bitte hier Platz. Benutzen Sie immer öffentliche Verkehrsmittel?
>
> H. K.: Nein, meist fährt mich mein älterer Bruder. Der schläft aber noch. Ach, darf ich auf die Aufregung hin eine rauchen? Wo ist denn der Aschenbecher?
>
> F. B.: Herr Krose, wir haben in der Firma absolutes Rauchverbot. Vor allem natürlich wegen unserer Produkte. Apropos, wissen Sie eigentlich, was wir hier herstellen?
>
> H. K.: Ja, stellen Sie nicht Pullover und so her?
>
> F. B.: Hm ..., wieso haben Sie sich eigentlich bei unserer Firma beworben?
>
> H. K.: Erstens wohne ich gleich hier gleich in der Nähe und dann habe ich gehört, dass Sie gut zahlen.
>
> F. B.: Vielen Dank, Herr Krose, für Ihr Kommen. Wir werden Sie schriftlich darüber informieren, ob wir uns für Sie entschieden haben. Auf Wiedersehen.
>
> H. K.: Oh, das ging ja schön schnell. Adela.

b) Was hat Heinz Krose falsch gemacht?

c) Was erfährt Frau Bora über den Bewerber?

d) Das Gespräch ist sehr kurz. Begründe.

Tipp

Vorstellungsgespräch im Internet:
www.vorstellungs-gespräch.de
www.industrie-job.de

3 In einem Vorstellungsgespräch erwarten dich viele Fragen.
Hier eine Hitliste:

- Warum wollen Sie ausgerechnet … werden?
- Warum haben Sie sich gerade bei unserer Firma beworben?
- Welcher Beruf käme für Sie außerdem in Frage?
- Was sind Ihre Lieblingsfächer in der Schule?
- Welche Schulfächer fallen Ihnen schwer und warum?
- Wie beschäftigen Sie sich in der Freizeit, sind Sie zum Beispiel
  in einem Verein?
- Was sagen Ihre Eltern zu Ihrer Berufswahl?

a) Wie würdest du auf diese Fragen reagieren?

b) Notiere die Antworten entsprechend deiner Situation.

c) Sammle weitere Fragen und beantworte diese.

4 Ein Personalchef/eine Personalchefin sieht gern, wenn du Eigen-
initiative ergreifst.
Welche Fragen sind in einem Vorstellungsgespräch geeignet,
welche sollte man unterlassen? Begründe und sammle weitere.

Ist es möglich,
die Ausbildungszeit durch
gute Leistungen
zu verkürzen?

Wie viel Urlaub
steht mir zu?

Was verdient man
hier als Chef?

Gibt es Chancen,
nach der Ausbildungs-
zeit in Ihrem Betrieb
übernommen zu
werden?

Muss ich
meinen Arbeitsplatz
etwa selbst sauber
machen?

Wie würde
meine tägliche
Arbeitszeit geregelt
sein?

Wie lange dauert
die Probezeit?

Einen guten Eindruck hinterlassen

Hast du einen Termin für dein Vorstellungsgespräch erhalten, sind Aufregung und Herzklopfen ganz normal. Nutze die Zeit bis zum Termin, um dich gut auf das Gespräch vorzubereiten.

1 a) Welche Vorbereitungen kannst du im Vorfeld treffen?

b) Formuliert Regeln für euch:

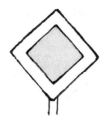 

* Ich komme ausgeruht und
  möglichst entspannt zum
  Gespräch.

* ...

* Ich schminke mich nicht
  übertrieben.

* ...

c) Übe vor dem Spiegel, indem du laut sprichst:
  * sich vorstellen
  * Gründe für die Berufswahl
  * Verabschiedung und Dank

  Überprüfe dabei kritisch die Mimik, Gestik und Sprechweise.
  Wie wirken sie?

Tipp

Nimm den Rat von Eltern, Freunden, Lehrern und guten Beratern an. Übe mit verschiedenen Personen.

2 Übt ein Vorstellungsgespräch als Rollenspiel in der Klasse in verschiedenen Variationen.

Du bist pünktlich bei der Firma angekommen und hast Zeit, dein Äußeres noch einmal zu überprüfen und tief durchzuatmen:

Ablauf des Gesprächs:

- Anklopfen
- Begrüßung mit Händedruck
- sich vorstellen
- Platz nehmen
- auf Fragen antworten
- eigene Fragen stellen
- sich verabschieden und bedanken

Beobachtet das Rollenspiel kritisch. Bewertet das Auftreten, den Inhalt der Antworten und die Fragen des Bewerbers.

Tipp

Bewertungskriterien:
- Höflichkeit
- Mimik
- Gestik
- Sprechweise
- Inhalt

3 Körpersprache spielt eine wichtige Rolle.
Verändert die auf den Fotos gezeigte Körperhaltung so, dass der Bewerber einen guten Eindruck hinterlässt. Probiert verschiedene Möglichkeiten aus.

Tipp

Nehmt euch auf Video auf und besprecht euer Verhalten. Bewerbungstraining wird von verschiedenen Stellen angeboten, z.B. der AOK.

Ein Bewerbungsschreiben überarbeiten

Frank Jungmann

Birkenstadt, den 15. Mai 2005
Südstraße 34

Tierarztpraxis
Frau Dr. Spaniel
12241 Kostberg

Hallo Frau Spaniel!

Gestern habe ich Ihnen am Telefon gesagt, dass ich meine Ausbildung bei
Ihnen anfangen möchte.
Heute schicke ich Ihnen dann meine Unterlagen, damit alles klargeht.
Ich freue mich tierisch auf die Ausbildung.
Vielleicht schaue ich in den nächsten Tagen einmal bei Ihnen vorbei.
Das ist doch O. K. für Sie, oder? Dann können wir alles besprechen.

Bis dann!

Frank Jungmann

1 Lies das Bewerbungsschreiben aufmerksam. Welchen Eindruck
hinterlässt ein solches Schreiben?

Tipp
Nutze auch die
Checkliste auf
Seite 45.

2 Überprüfe das fehlerhafte Bewebungsschreiben nun genau.

a) Welche Bausteine eines Bewerbungsschreibens sind falsch
bzw. nicht vorhanden?

b) Der Bewerbungstext ist ebenfalls unvollständig und weist grobe
Fehler auf. Was musst du verbessern?

3 Verfasse ein vollständiges, formal und inhaltlich korrektes
Bewerbungsschreiben.

Einen ausführlichen Lebenslauf schreiben

Lebenslauf

Persönliche Daten

Name, Vorname:	Jungmann, Frank
Anschrift:	Südstraße 34
	98413 Birkenstadt
Geburtsdatum:	20. Oktober 1990
Geburtsort:	München
Eltern:	Josef Jungmann, Postbeamter
	Gunda Jungmann, geb. Alt, Kosmetikerin
Geschwister:	Isabell, 12 Jahre
	Manuel, 3 Jahre

Ausbildungsdaten

Schulbildung:	1996–2000 Grundschule Birkenstadt
	seit September 2000 Hauptschule Birkenstadt
Schulabschluss:	Juli 2005,
	voraussichtlich qualifizierender Hauptschulabschluss

Sonstiges

Lieblingsfächer:	Deutsch, PCB,
	Kommunikations-technischer Bereich (KtB)
Praktikum:	März 2004,
	Praktikum in der Tierarztpraxis Hamster, Erding
Besondere Kenntnisse:	EDV
Hobbys:	Computer, Fußball spielen, Tiere

Frank Jungmann

Birkenstadt, den 1. April 2005

1 Formuliere mit Hilfe des tabellarischen Lebenslaufes einen ausführlichen Lebenslauf.

Zeitungen lesen und verstehen

Medienerfahrungen untersuchen

1 Durch eine statistische Erhebung könnt ihr ein genaueres Bild über euer Medienverhalten gewinnen.

a) Besprecht Vor- und Nachteile der abgebildeten Beispiele:

Umfrage zum Medienverhalten

Ich bin ❏ männlich ❏ weiblich

Tageszeitungen wie z. B. die Morgenpost
lese ich ❏ nie ❏ selten ❏ oft ❏ fast immer

Diese Zeitung finde ich
  ❏ langweilig   ❏ spannend
  ❏ uninteressant   ❏ interessant
  ❏ zu schwierig   ❏ verständlich

Wie wichtig sind diese Themen in der Zeitung für dich?

	sehr wichtig	wichtig	weniger wichtig	nicht wichtig
Politik	❏	❏	❏	❏
Sport	❏	❏	❏	❏
Klatsch	❏	❏	❏	❏
Katastrophen	❏	❏	❏	❏
Veranstaltungstipps	❏	❏	❏	❏
...	❏	❏	❏	❏

b) Entwickelt einen eigenen Fragebogen.
Berücksichtigt dabei, dass ihr ihn gut auswerten können solltet.

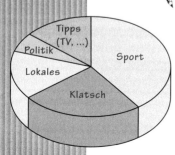

TAGESZEITUNGEN	Jungen	Mädchen	insgesamt
lese ich nie	15	17	32
selten	10	12	22
oft	1	1	2
fast immer	2	3	5

c) Führt die Befragung an eurer Schule durch.
Was stellt ihr fest?

Bajan und Pantaleon – Musik für seltene Instrumente / Feuilleton

Süddeutsche Zeitung

NEUESTE NACHRICHTEN AUS POLITIK, KULTUR, WIRTSCHAFT UND SPORT

DEUTSCHLAND-AUSGABE · 152 · München, Mittwoch, 8. März 2006 · 62. Jahrgang / 10. Woche / Nr. 56 / 1,60 Euro

Das Streiflicht

Schutz der Wahlen in Zentralafrika

Berlin zu Bundeswehr-Einsatz im Kongo bereit

Bisher aber keine Einigung über eine EU-Mission / Geringe Neigung anderer Staaten, Soldaten zu stellen

Von Martin Winter

Machtkampf bei Volkswagen

Pischetsrieder lehnt Rücktritt ab

Fußball-Frauen helfen Klinsi

Endlich!
Sicherer Halt für die Dritten und ein sauberes, natürliches Mundgefühl.

COREGA

Mittwoch, 8. März 2006 — 0,45 €

Bild
UNABHÄNGIG · ÜBERPARTEILICH
NÜRNBERG

Bundeskanzlerin Merkel über

Heute im Lokalen
Fürther Schüler auf Zeitreise ins Jahr 2020

Landrätin nimmt Freistaat in die Pflicht

Mit gestohlenem Lastwagen an eine Hausmauer

FÜRTHER Nachrichten

B 3085

Fürther Zeitung - Unabhängige Zeitung für Politik, Lokales, Wirtschaft, Kultur und Sport

Einzelpreis: 1,00 €

Montag, 14. November 2005 — Nummer 263

Union und SPD wollen Koalition trotz Kritik zum Erfolg führen

Heute sollen drei Parteitage das Regierungsprogramm beschließen

Heute lesen Sie

Großübung vor WM
Nürnberg: 1350 Kräfte probten Katastrophen-Fall

---

2 Diese Zeitungen sind am selben Tag erschienen.

a) Sprecht über die unterschiedliche Aufmachung.

✎ b) Tragt eure Ergebnisse in eine Tabelle ein.

	Nordbayerische Nachrichten	Süddeut-sche Zeitung	BILD
Themen			
Schlagzeilen			
Bild-, Textanteil			
Farbe			
Art der Zeitung			

✎ c) Bringt selbst Zeitungen vom selben Tag mit und vergleicht sie.

Projekttipp

Gestaltet selbst die Titelseite einer Tageszeitung:
- Wählt Bilder und Texte aus Zeitungen aus.
- Probiert verschiedene Anordnungen aus.
- Vergleicht die Wirkung.

Die Ressorts

1 Die verschiedenen Zeitungen haben verschiedene Themenbereiche, die man Ressorts nennt.
Dies sind zum Beispiel Ressorts der Augsburger Allgemeinen:

WIRTSCHAFT   **AUS ALLER WELT**   **BAYERN**

  a) Welche Ressorts findet ihr in eurer Tageszeitung?

  b) Welche Ressorts interessieren euch am meisten?
Legt eine „Hitliste" eurer Klasse an.

2 Tageszeitungen sind aus fünf Grundressorts aufgebaut.

  a) Ordnet die Schlagzeilen passenden Ressorts zu.
Wo kann es Überschneidungen geben?

FC Bayern auf Liga-Pokal abonniert

Das Schwimmen fiel ins Wasser

Königlicher Nachwuchs im Tiergarten

GRÜNPLAN SCHWARZ UND ROSA GEMALT

BOOM MIT HANDYS

„Es blutet das Herz"

Bush siegesgewiss

Kunst zwischen Wald und Wasser

  b) Nehmt mehrere Ausgaben eurer Tageszeitung. Wählt aus jedem Ressort einige Schlagzeilen aus und klebt sie geordnet auf.

3 Beschreibe den Inhalt jedes der fünf Ressorts mit eigenen Worten.

(START) *Das Ressort Sport berichtet über sportliche Ereignisse in der ganzen Welt. ...*

Zeitung online

1 a) Vergleicht die gedruckte Form eurer Tageszeitung mit der digitalen Form.
Beantwortet folgende Fragen in Stichpunkten:

Aufbau

- Wo befinden sich die Themenübersichten?
- Wie ist die Reihenfolge der Themen?
- Wie ist die Verteilung von Schlagzeilen, Text, Bildern und Werbung?

Inhalt

- Gibt es Unterschiede zwischen den Artikeln in gedruckter und denen in digitaler Form?
- Kann man weitere Texte zu ähnlichen Themen finden?

Nutzen

- Gibt es in der Online-Ausgabe Links zum gleichen Thema?
- Gibt es ein Archiv mit Artikeln zum gleichen Thema?
- Gibt es kostenpflichtige Artikel?
- Gibt es zusätzliche Funktionen der Online-Zeitung?

b) Tragt eure Antworten in einer Tabelle zusammen.

	Zeitung Printausgabe	Zeitung online
Aufbau Themen- übersicht	Inhaltsverzeichnis auf erster Seite	Themenbereiche lassen sich in Bildlaufleiste anklicken

c) Stellt eure Ergebnisse in der Klasse vor.

Tipp

Präsentiert die Tabelle auf einem übersichtlichen Plakat.

Der Weg einer Nachricht

1 a) Beschreibe den Weg einer Nachricht zu den Leserinnen und Lesern.

b) Welche Aufgabe hat eine Nachrichtenagentur? Informiere dich.

c) Welche Nachrichten verbreitet z. B. der Landesdienst Bayern? Überlege und schaue in der Zeitung nach.

d) Welche Informationen der dpa können für eine Tageszeitung besonders wichtig sein?

Die Nachricht

1 — *Autofahrer verlor eine Fingerkuppe*

2 — **Parkautomat biss heftigst zu**

3 — Der Mann hatte in Geldrückgabeschacht des Geräts gegriffen

4 — **Ansbach (nn/AP) – Ein Parkscheinautomat hat in Ansbach einem Autofahrer eine Fingerkuppe abgebissen.**

5 Der 53-jährige Krankenpfleger hatte zunächst ein Geldstück in das Gerät geworfen, um einen Parkschein zu lösen. Der Automat reagierte jedoch nicht. Daraufhin
10 griff der Mann in den Geldrückgabeschacht.

In diesem Moment – so die Polizei – setzte sich die Drucktechnik in Gang und aus bisher nicht ge-
15 klärten Gründen geriet der Finger wahrscheinlich in den Zettelabschneidemechanismus.

Dabei wurde dem Autofahrer die Fingerkuppe des Zeigefingers an
20 der linken Hand abgetrennt. Der stark blutende Mann musste in das Krankenhaus eingeliefert werden. Ein Zeuge entdeckte anschließend noch die im Schacht zurückgeblie-
25 bene Fingerkuppe und brachte sie in die Klinik. Das etwa ein Zentimeter lange Körperteil konnte jedoch nicht mehr angenäht werden.

30 Als „unerklärlich" bezeichnete der Rechtsreferent der Stadt Ansbach, Rainer Stache, das Unglück. Das Gerät, bei dem es sich um einen in ganz Deutschland verbreiteten
35 Bautyp handele, sei nicht defekt gewesen. Vermutlich sei es nicht sachgerecht bedient worden, meinte er. Das Gewerbeaufsichtsamt Nürnberg soll nun den Unfall
40 genauer untersuchen.

6

Merke!

Die **Nachricht** informiert in den Medien knapp und möglichst sachlich über ein aktuelles Ereignis.
Sie sollte die W-Fragen beantworten:
Wer hat **was wo wann wie warum** getan?

Tipp

• Schlagzeile
• Kurzfassung des Ereignisses
• Ortsangabe
• Haupttext mit näheren Einzelheiten
• Untertitel
• Dachzeile/Headline

1 In Zeitungen sind viele Artikel ähnlich aufgebaut wie dieser. Benenne die nummerierten Teile mit Hilfe des Tippzettels.

2 In einer Nachricht sollten die sechs W-Fragen beantwortet sein:

• Was ist geschehen?
• Wer war beteiligt?
• Wo ist es geschehen?

• Wann ist es geschehen?
• Wie ist es geschehen?
• Warum ist es geschehen?

a) Welche Fragen beantworten bereits die Überschrift und der Untertitel?

b) Welche Fragen beantwortet der fett gedruckte Einleitungstext?

c) Welche zusätzlichen Informationen liefert der Haupttext? Beantworte die W-Fragen mit eigenen Worten.

Projekttipp

Sucht jeden Tag Nachrichten des Tages aus.
Stellt die Nachrichten in der Klasse vor.

Der Bericht

Hoffnung schwindet in Bam

Die Chancen auf die Bergung von Überlebenden sinken stündlich / Internationale Hilfe rollt an

BAM (dpa/BZ) Die schlimmsten Befürchtungen nach dem Erdbeben im Iran sind zur Gewissheit geworden: Mehr als 21 000 Menschen starben durch die Erdstöße in der Region um die Stadt Bam im Südosten des Landes. Das teilte der iranische Innenminister Mussavi Lari am Sonntag mit.

Irans Präsident Mohammed Khatami bezeichnete das Beben, das die 100 000-Einwohner-Stadt am Freitagmorgen fast völlig zerstört hat, als „nationale Tragödie". In einem Wettlauf gegen die Zeit suchten Helfer und Überlebende teilweise mit bloßen Händen nach Verschütteten. Bei eisiger Nachtkälte in 1 000 Metern Höhe schwanden die Chancen jedoch zusehends. Das staatliche iranische Fernsehen berichtete, dass rund 1 000 Menschen lebend aus den Lehmziegel-Trümmern geholt worden seien. Derartige Erfolge konnten die deutschen Helfer nicht bestätigen. Bislang habe man nur Leichen finden können, obwohl es 36 „Lebensortungen" gegeben habe, sagte THW-Sprecher Nicolas Hefner. In der Regel können bis zu 72 Stunden nach einem Erdbeben noch Überlebende geborgen werden – also theoretisch noch bis zu diesem Montagmorgen.

Das staatliche Fernsehen IRIB kritisierte überraschend deutlich das Krisenmanagement der Behörden. Die Menschen in Bam hätten 24 Stunden lang auf organisierten Beistand warten müssen. Bis zum Sonntag waren nach Angaben des Malteser Hilfsdienstes 600 internationale Hilfskräfte im Einsatz. 21 Länder hätten Such- und Rettungsteams versprochen. Nun würden keine weiteren Retter vor Ort gebraucht. Vor allem materielle Unterstützung durch Spenden und Hilfslieferungen sei notwendig.

Aus Deutschland sind rund 70 Erdbebenspezialisten nach Bam geflogen, darunter Ärzte, Hundeführer mit Spürhunden und technische Helfer. Auch der Einsatzleiter der Rettungshundestaffel Oberrhein, Boris Cacciato aus Freiburg, befindet sich seit Samstag vor Ort. Das Rote Kreuz rechnet damit, dass längerfristige Hilfe notwendig sein wird. Der iranische Präsident Khatami hatte, anders als bei früheren Beben, rasch internationalen Beistand akzeptiert und außerdem die Visa-Bestimmungen erleichtert. Am Abend stürzte südlich von Bam ein iranischer Rettungshubschrauber ab. *Tagesspiegel und Seite 3*

In einer Zeitung sind viele Berichte ähnlich aufgebaut wie dieser
Bericht. In einem Bericht werden immer die W-Fragen beantwortet.

1 Lest den Bericht aufmerksam und beantwortet die folgenden
Fragen in Stichpunkten. Überprüft eure Antworten mit Hilfe des
Textes.

   a) Welche der W-Fragen werden bereits in der Überschrift
   (Headline) und im Untertitel beantwortet?

   b) Welche W-Fragen werden in der fett gedruckten Kurzfassung
   (Lead) beantwortet?

   c) Welche weiteren Informationen liefert der Haupttext?

2 Stellt euch vor, ihr seid Reporter/Reporterin und habt folgende
Notiz auf eurem Schreibtisch:

> Abschlussfeier 10. Klasse – Regensburg – Freibad –
> Alkohol – 22 Uhr – 5 Jugendliche wollen baden gehen –
> klettern über den Zaun – springen runter –
> Schülerin bleibt mit dem Ring am Zaun hängen –
> reißt sich Finger zur Hälfte ab – Krankenhaus –
> Finger wurde gefunden – konnte nicht mehr angenäht werden

   a) Überlegt euch, mit welchen weiteren Informationen ihr den
   Haupttext ergänzen wollt.

   b) Schreibt mit Hilfe der Stichpunkte einen Zeitungsbericht mit
   Headline – Untertitel – Lead – Haupttext.

3 In einer Zeitungsredaktion müssen aus Platzgründen auch Beiträge
gekürzt werden. Nimm selbst eine Kürzung eines Berichts zu einer
Nachricht vor.

   a) Lies einen Bericht aus deiner Tageszeitung. Suche im Text die
   Antworten auf die W-Fragen und markiere sie.

   b) Erarbeite aus dem Bericht eine Nachricht.

Tipp

W-Fragen
Was ist geschehen?
Wo war das?
Wann war das?
Wer war beteiligt?
Wie ist es
  geschehen?
Warum ist es
  geschehen?
Welche Folgen hat
  es?

Merke!

Ein Bericht geht
über eine Nachricht
hinaus, da auch Hin-
tergrundfragen an-
gesprochen werden.
Er dient in erster
Linie der sachlichen
Information über ein
Ereignis. Ein Bericht
sollte sich ohne per-
sönliche Wertungen
auf eine möglichst
genaue Darstellung
des Geschehens
beschränken. Meist
werden Aussagen
wiedergegeben
durch wörtliche oder
indirekte Rede.

Einen Leserbrief schreiben

Schönheitsoperation:
Schlaf nur noch mit offenen Augen
Pfusch: Mutter wollte, dass ihre Tochter attraktiver wird

Taipeh. (dpa) Nach einer verpfuschten Schönheitsoperation kann eine Frau in Taiwan nur noch mit offenen Augen schlafen. Die 21-Jährige hat jetzt die Kli-5nik verklagt, in der sie die Operation an den Augenlidern vornehmen ließ, und fordert acht Millionen Taiwan-Dollar (200 000 Euro) Schadenersatz, berich-tete das Fernsehen am Dienstag. „Das 10Krankenhaus hätte mir sagen müssen, dass es auch Risiken gibt. Wenn ich gewusst hätte, dass etwas schiefgehen kann, hätte ich das niemals machen lassen." Nachdem die junge Frau fest-15gestellt hatte, dass sie ihre Augen nicht mehr schließen konnte, ließ sie in einer anderen Klinik einen weiteren Eingriff vornehmen, der jedoch den Berichten zufolge nur weitere Narben hinterließ. 20Die Idee zur Schönheitsoperation hatte die Mutter, die auch die Kosten über-nahm. Sie wollte, dass ihre Tochter at-traktiver aussieht, um einen Freund zu finden.

1 Lies die Zeitungsnachricht. Gib den Inhalt in eigenen Worten wieder und beantworte dabei die W-Fragen.

2 Was hältst du von der Zeitungsnachricht?
Sammle Gründe, die für oder gegen Schönheitsoperationen sprechen. Notiere Stichpunkte.

3

Das Recht auf Information

Obwohl ich selbst keine Schönheits-operation am eigenen Leib erfahren habe, geht mir das Schicksal der jungen Frau sehr zu Herzen. Offen-5sichtlich hat der operierende Arzt die Patientin nicht aufgeklärt, denn sie wusste nichts von den Risiken der Operation. Eine Klinik muss aber auch auf Gefahren hinweisen, damit 10die Patienten gut informiert sind. Nur wer über mögliche Nebenwir-kungen Bescheid weiß, kann das Ri-siko und den Nutzen einer Operation abwägen und sich vernünftig entschei-15den. Ich bin daher der Meinung, dass der Arzt unverantwortlich gehandelt hat und der geforderte Schadener-satz zu zahlen ist. Jeder Patient hat das Recht auf ausreichende Beratung 20und Information, denn schließlich vertraut er dem Arzt. Nutzt eine Kli-nik – wie in dem geschilderten Fall – dieses Vertrauen schamlos aus, so muss sie dafür auch zur Rechenschaft 25gezogen werden.

Sonja M., Augsburg

a) Überlege, warum Frau M. dazu einen Leserbrief geschrieben hat.

b) Welche Meinung vertritt Frau M.?
Wie begründet sie ihren Standpunkt?

Projekttipp

Wählt Leserbriefe aus der Zeitung aus, die ihr gelungen findet.
Begründet eure Auswahl.

Merke!

Leserbrief:
- treffende Über-schrift
- Anlass nennen
- eigene Meinung mit Begründung
- kurze Zusammen-fassung und/oder eigene Ideen

4 Wer seine Meinung begründet, kann andere überzeugen.

a) Formuliere Argumente, indem du je zwei Sätze verbindest.
Probiere mehrere Möglichkeiten aus.

Die Patientin war naiv.

Die junge Frau tut mir leid.

Die Mutter riet ihrer Tochter
von der Schönheitsoperation
nicht ab.

Das Schmerzensgeld
ist zu niedrig.

Die Patientin hat aus dem
Schaden nichts gelernt.

obwohl
indem
weil
damit
sondern
denn
oder
und

Die Risiken einer
Schönheitsoperation
sind allgemein bekannt.

Sie ist selbst schuld.

Sie übernahm die Kosten
der Operation.

Der angerichtete Schaden
ist unbezahlbar.

Sie unterzog sich noch
einer weiteren Operation.

b) Ordne die folgenden Konjunktionen in drei Gruppen:
Konjunktionen, die ...
... zeigen, wann etwas passiert
... eine Begründung liefern
... eine Einschränkung wiedergeben

| denn | nachdem | aber | sondern | seitdem | oder |
| damit | obwohl | während | weil | indem | doch |

5 Suche aus einer örtlichen Tageszeitung einen Bericht oder eine
Reportage, zu der du Stellung nehmen möchtest.
Verfasse ebenfalls einen Leserbrief an die Zeitung.

6 Stellt euch eure Leserbriefe gegenseitig vor.
Überprüft sie mit Hilfe des Merkzettels von Seite 60.

Zeitungstexte erschließen

1 Bei diesem Nachrichtentext fehlen Dachzeile und Untertitel. Ergänze!
Versuche, möglichst viele Informationen hineinzupacken, beachte
aber den hierbei üblichen Telegrammstil.

„Grausamkeit" gebüßt

SAN FRANCISCO (dpa) – Der 15-jährige Ari Hoffman aus Mill Valley bei San Francisco muss für den Tod von rund 30 Fruchtfliegen büßen.
5 Der Schüler wurde bei einem angesehenen Wissenschaftswettbewerb disqualifiziert, weil bei seinem Forschungsprojekt kleine Insekten ums Leben gekommen waren. Die Veran-
10 stalter begründeten den Rauswurf mit „Grausamkeit" gegenüber den Tieren, die nur eine normale Lebensdauer von 21 Tagen haben und wegen der Über-tragung von Krankheitserregern als
15 Feind aller Obstanbauer gelten. Während seiner Forschung starben rund 30 der 200 Taufliegen an bakterieller Infektion. Laut Wettbewerbskommission verbieten die Vorschriften, Tiere
20 jeder Art zu verletzen oder zu töten. Ari Hoffman fand heraus, dass sich bestrahlte Fruchtfliegen spärlicher fortpflanzen – „und man sich nicht an solchen Wettbewerben beteiligen soll-
25 te". Er hätte den 1. Preis gewonnen.

2 Schreibe eine Kurzfassung des Ereignisses für den folgenden
Nachrichtentext.

Notärztin rettete Kranführer
Mit viel Mut geholfen
Dann brauchte sie die Feuerwehr

FRANKFURT/Main (dpa)

5

In der 80 Meter hohen Kanzel eines Turmkrans in Dillenburg hatte ein 32 Jahre alter Kranführer mitten in der Nacht einen Herzanfall erlitten. Weil
10 der Mann die Kanzel nicht mehr alleine verlassen konnte, kletterte zunächst die 32-jährige Notärztin in der Dunkelheit unerschrocken auf der Leiter in die Höhe und behandelte
15 den Mann.
Nach der Erstversorgung befreite die Höhenrettungsgruppe der Frankfurter Feuerwehr den Kranführer aus seiner misslichen Lage. Die Notärztin hatte
20 nach ihrem couragierten Aufstieg inzwischen allerdings der Mut verlassen. Über zwei Stunden musste sie bei einer Temperatur um den Gefrierpunkt warten, bis der Kranführer ver-
25 sorgt war und die Feuerwehr auch ihr herunterhelfen konnte.

Tipp

couragiert=
mutig

Text 1

In der Nacht zum Freitag stießen bei Nebel auf der Nordsee zwei Tanker zusammen. Eines der Schiffe fing Feuer, ein Matrose kam dabei ums Leben. Aus dem
5 Tanker liefen zehn Tonnen Altöl aus.

Text 3

Gestern Nacht kam bei einer Tankerkollision auf der Nordsee (zehn Tonnen Altöl flossen dabei ins Meer) der 28-jährige Matrose Frank M. grausam
5 ums Leben. Der Matrose hatte an der Reling gestanden, als sich die Schiffe im Nebel rammten. Der blonde Junggeselle aus Cuxhaven wurde gegen die Kajütenwand geschmettert und brach sich
10 die Beckenknochen. Dann auch noch Feuer in einem Tank! In der Panik hörte niemand die verzweifelten Hilferufe des jungen Mannes. Rettungsmannschaften fanden ihn erstickt auf. – Frank wollte
15 in Hamburg für immer von Bord gehen, um seine Braut Manuela L. (22) zu heiraten.

Text 2

Als Tankerkapitän Hans Petersen gestern Nacht um 23.17 Uhr den grauen Schatten im Nebel sah, war es schon zu spät. Krachend und splitternd bohrten
5 sich zwei Schiffsriesen auf der Nordsee ineinander. In Minutenschnelle brach Feuer aus. Für den Matrosen Frank M. (28) gab es keine Rettung mehr. Einige Stunden später: Öl-Alarm an der Nord-
10 seeküste ...

Text 4

Nach einer schrecklichen Tankerkatastrophe auf der Nordsee, bei der ein Matrose den Tod fand, wälzt sich seit gestern Nacht schmutziger, stinkender
5 Ölschlamm auf die nordfriesische Küste zu. Tausende Liter Altöl sind bei der Kollision ins Meer geflossen. An der Küste wurde Öl-Alarm gegeben. Viele Urlauber sind bereits aus den Seebädern
10 abgereist.

3 a) Im Text 1 wird über ein Schiffsunglück berichtet. In den Texten 2–4 erfährt der Leser einige Details. Notiere sie in Stichpunkten.

b) Was wird jeweils in den Mittelpunkt der Aufmerksamkeit gerückt? Ordne zu.

Das Schicksal eines einzelnen Menschen

Die Gefährdung der Umwelt

Der dramatische Ablauf des Geschehens

4 Welche Gefühle weckt der einzelne Text jeweils beim Leser? Versuche, diese ganz knapp zu umschreiben.

5 Formuliere zu jedem Text eine passende Schlagzeile.

Literarische Texte erschließen

Eine Kurzgeschichte erschließen

Wolfgang Borchert
Das Brot

Plötzlich wachte sie auf. Es war halb drei. Sie überlegte, warum sie aufgewacht war. Ach so! In der Küche hatte jemand gegen einen Stuhl gestoßen. Sie horchte nach der Küche. Es war still. Es war zu still, und als sie mit der Hand über das Bett neben sich fuhr, fand sie es leer. Das

5 war es, was es so besonders still gemacht hatte: Sein Atem fehlte. Sie stand auf und tappte durch die dunkle Wohnung zur Küche. In der Küche trafen sie sich. Die Uhr war halb drei. Sie sah etwas Weißes am Küchenschrank stehen. Sie machte Licht. Sie standen sich im Hemd gegenüber. Nachts. Um halb drei. In der Küche.

10 Auf dem Küchentisch stand der Brotteller. Sie sah, dass er sich Brot abgeschnitten hatte. Das Messer lag noch neben dem Teller. Und auf der Decke lagen Brotkrümel. Wenn sie abends zu Bett gingen, machte sie immer das Tischtuch sauber. Jeden Abend. Aber nun lagen Krümel auf dem Tuch. Und das Messer lag da. Sie fühlte, wie die Kälte der

15 Fliesen langsam an ihr hochkroch. Und sie sah von dem Teller weg. „Ich dachte, hier wär was", sagte er und sah in der Küche umher. „Ich habe auch was gehört", antwortete sie und dabei fand sie, dass er nachts im Hemd doch schon recht alt aussah. So alt, wie er war. Drei-undsechzig. Tagsüber sah er manchmal jünger aus.

20 Sie sieht doch schon alt aus, dachte er, im Hemd sieht sie doch ziem-lich alt aus. Aber das liegt vielleicht an den Haaren. Bei den Frauen liegt das nachts immer an den Haaren. Die machen dann auf einmal so alt.
„Du hättest Schuhe anziehen sollen. So barfuß auf den kalten Fliesen.

25 Du erkältest dich noch."
Sie sah ihn nicht an, weil sie es nicht ertragen konnte, dass er log. Dass er log, nachdem sie neununddreißig Jahre verheiratet waren.
„Ich dachte, hier wäre was", sagte er noch einmal und sah wieder so sinnlos von einer Ecke in die andere, „ich hörte hier was. Da dachte

30 ich, hier wäre was."

„Ich habe auch was gehört. Aber es war wohl nichts." Sie stellte den Teller vom Tisch und schnippte die Krümel von der Decke.

„Nein, es war wohl nichts", echote er unsicher.

Sie kam ihm zu Hilfe: „Komm man. Das war wohl draußen.

35 Komm man zu Bett. Du erkältest dich noch. Auf den kalten Fliesen."

Er sah zum Fenster hin. „Ja, das muss wohl draußen gewesen sein. Ich dachte, es wäre hier."

Sie hob die Hand zum Lichtschalter. Ich muss das Licht jetzt

40 ausmachen, sonst muss ich nach dem Teller sehen, dachte sie. Ich darf doch nicht nach dem Teller sehen. „Komm man", sagte sie und machte das Licht aus, „das war wohl draußen. Die Dachrinne schlägt immer bei Wind so an die Wand. Es war sicher die Dachrinne. Bei Wind klappert sie immer."

Tagesration 1946

45 Sie tappten sich beide über den dunklen Flur zum Schlafzimmer. Ihre nackten Füße platschten auf den Fußboden.

„Wind ist ja", meinte er. „Wind war schon die ganze Nacht."

Als sie im Bett lagen, sagte sie: „Ja, Wind war schon die ganze Nacht. Es war wohl die Dachrinne."

50 „Ja, ich dachte, es wäre in der Küche. Es war wohl die Dachrinne." Er sagte das, als ob er schon halb im Schlaf wäre.

Aber sie merkte, wie unecht seine Stimme klang, wenn er log.

„Es ist kalt", sagte sie und gähnte leise, „ich krieche unter die Decke. Gute Nacht."

55 „Nacht", antwortete er und noch: „Ja, kalt ist es schon ganz schön." Dann war es still. Nach vielen Minuten hörte sie, dass er leise und vorsichtig kaute. Sie atmete absichtlich tief und gleichmäßig, damit er nicht merken sollte, dass sie wach war. Aber sein Kauen war so regelmäßig, dass sie davon langsam einschlief.

60 Als er am nächsten Abend nach Hause kam, schob sie ihm vier Scheiben Brot hin. Sonst hatte er immer nur drei essen können.

„Du kannst ruhig vier essen", sagte sie und ging von der Lampe weg.

„Ich kann dieses Brot nicht so recht vertragen. Iss du man eine mehr. Ich vertrag es nicht so gut."

65 Sie sah, wie er sich tief über den Teller beugte. Er sah nicht auf. In diesem Augenblick tat er ihr leid.

„Du kannst doch nicht nur zwei Scheiben essen", sagte er auf seinen Teller.

„Doch. Abends vertrag ich das Brot nicht so gut. Iss man. Iss man."

70 Erst nach einer Weile setzte er sich unter die Lampe an den Tisch.

1 Die Geschichte kennen lernen

a) Lies die Geschichte genau.

 b) Beantworte folgende Fragen. Notiere deine Ergebnisse stichpunktartig und gib die Zeilen an, in denen du die Antworten findest.
- Welche Personen kommen vor?
- Warum ist der Mann mitten in der Nacht in der Küche?
- Wie reagiert die Frau, als sie ihren Mann sieht?
- Wie reagiert der Mann, als er ertappt wird?

c) Besprecht die Ergebnisse in der Klasse.

2 Die Geschichte in wenigen Sätzen zusammenfassen

a) Begründet, warum die Abschnitte so gewählt wurden wie in der Tabelle.

b) Ergänzt die Tabelle.

	Wer kommt vor?	Wo spielt die Geschichte?	Wann geschieht es?	Was geschieht?
Zeile 1–6	Frau	Schlafzimmer	Nachts um halb drei	Die Frau wacht nachts auf und geht in die Küche.
Zeile 6–15	Frau und Mann	Küche	Nachts um halb drei	Die Frau trifft ihren Mann in der Küche und merkt, dass er heimlich Brot gegessen hat.
Zeile 16–44	...	...	...	...
Zeile 45–59	...	...	...	...
Zeile 60–70	...	...	...	...

Merke!

Genau lesen
- Lies langsam.
- Lies Unverständliches nochmals.
- Kläre Wörter oder Textstellen, die du nicht verstehst.
- Beantworte die W-Fragen.

Merke!

Ein neuer Abschnitt beginnt bei einem Zeit- oder Ortswechsel oder wenn etwas Neues passiert.

c) Verfasst mit Hilfe der Informationen aus der Tabelle einen kurzen Text von drei bis vier Sätzen.

(START) *Der Text „Das Brot" von Wolfgang Borchert handelt von …*
Der Text „Das Brot" von Wolfgang Borchert beginnt damit,
dass …

3 Die Personen beschreiben

a) Schreibe die Textstellen heraus, in denen du etwas über den Mann und die Frau erfährst. Notiere die Zeilennummer.

(START) *Z. 3/4: Sie schlafen zusammen in einem Bett.*
Z. 8/9: Beide tragen nur ein Nachthemd.
Z.12/13: Sie macht jeden Abend das Tischtuch sauber.

b) Beschreibe das Verhalten der Eheleute mit eigenen Worten.

c) Beurteilt das Verhalten der beiden.
Notiert eure Meinung in Stichpunkten.

d) Spielt ein Gespräch zwischen Mann und Frau nachts in der Küche, in dem beide offen aussprechen, was sie denken.

Tipp
Requisiten:
Tisch, Stühle,
Teller, …

4 Die Textsorte prüfen

a) Lies die Merkmale einer Kurzgeschichte auf S. 180.

b) Überprüfe anhand der Merkmale, ob die Geschichte „Das Brot" von Wolfgang Borchert eine Kurzgeschichte ist. Begründe deine Entscheidung mit Textstellen.

c) Der Schluss einer Kurzgeschichte ist offen. Wie könnte es weitergehen? Überlegt euch eine mögliche Fortsetzung und stellt diese der Klasse vor. Begründet, warum ihr eure Fortsetzung so gestaltet habt. Berücksichtigt dazu die Zeit, in der die Geschichte spielt, sowie den Charakter der Eheleute.

Berlin 1945. Warteschlange einer Notspeisung am Potsdamer Platz.

Wolfgang Borchert
Nachts schlafen die Ratten doch

Das hohle Fenster in der vereinsamten Mauer gähnte blaurot voll
früher Abendsonne. Staubgewölke flimmerte zwischen den steil-
gereckten Schornsteinresten. Die Schuttwüste döste.

Er hatte die Augen zu. Mit einmal wurde es noch dunkler. Er merkte,
5 dass jemand gekommen war und nun vor ihm stand, dunkel, leise.
Jetzt haben sie mich!, dachte er. Aber als er ein bisschen blinzelte,
sah er nur zwei etwas ärmlich behoste Beine. Die standen ziemlich
krumm vor ihm, dass er zwischen ihnen hindurchsehen konnte. Er
riskierte ein kleines Geblinzel an den Hosenbeinen hoch und erkann-
10 te einen älteren Mann. Der hatte ein Messer und einen Korb in der
Hand. Und etwas Erde an den Fingerspitzen.

Du schläfst hier wohl, was?, fragte der Mann und sah von oben auf das
Haargestrüpp herunter.

Jürgen blinzelte zwischen den Beinen des Mannes hindurch in die

15 Sonne und sagte:

Nein, ich schlafe nicht. Ich muss hier aufpassen.

Der Mann nickte: So, dafür hast du wohl den großen Stock da?

Ja, antwortete Jürgen mutig und hielt den Stock fest.

Worauf passt du denn auf?

20 Das kann ich nicht sagen. Er hielt die Hände fest um den Stock.

Wohl auf Geld, was? Der Mann setzte den Korb ab und wischte das
Messer an seinem Hosenboden hin und her.

Nein, auf Geld überhaupt nicht, sagte Jürgen verächtlich. Auf ganz etwas anderes.

25 Na, was denn?

Ich kann es nicht sagen. Was anderes eben.

Na, denn nicht. Dann sage ich dir natürlich auch nicht, was ich hier
im Korb habe. Der Mann stieß mit dem Fuß an den Korb und klappte
das Messer zu.

30 Pah, kann mir denken, was in dem Korb ist, meinte Jürgen gering-
schätzig, Kaninchenfutter.

Donnerwetter, ja!, sagte der Mann verwundert. Bist ja ein fixer Kerl.

Wie alt bist du denn?

Neun.

35 Oha, denk mal an, neun also. Dann weißt du ja auch, wie viel drei mal
neun sind, wie?

Klar, sagte Jürgen und um Zeit zu gewinnen, sagte er noch: Das ist ja
ganz leicht. Und er sah durch die Beine des Mannes hindurch. Dreimal neun, nicht?, fragte er noch mal. Siebenundzwanzig. Das wusste

40 ich gleich.

Stimmt, sagte der Mann, genau so viele Kaninchen habe ich.

Jürgen machte einen runden Mund: Siebenundzwanzig?

Du kannst sie sehen. Viele sind noch ganz jung. Willst du?

Ich kann doch nicht. Ich muss doch aufpassen, sagte Jürgen unsicher.

45 Immerzu?, fragte der Mann. Nachts auch?

Nachts auch. Immerzu. Immer. Jürgen sah an den krummen Beinen
hoch. Seit Sonnabend schon, flüsterte er.

Aber gehst du denn gar nicht nach Hause? Du musst doch essen.

Jürgen hob einen Stein hoch. Da lag ein halbes Brot. Und eine Blech-
50 schachtel.

Du rauchst?, fragte der Mann. Hast du denn eine Pfeife?

Jürgen fasste seinen Stock fest an und sagte zaghaft: Ich drehe. Pfeife
mag ich nicht.

Schade, der Mann bückte sich zu seinem Korb, die Kaninchen hättest
55 du ruhig mal ansehen können. Vor allem die Jungen. Vielleicht hättest
du dir eines ausgesucht. Aber du kannst hier ja nicht weg.

Nein, sagte Jürgen traurig, nein, nein.

Der Mann nahm den Korb und richtete sich auf. Na ja, wenn du hier
bleiben musst – schade. Und er drehte sich um.

60 Wenn du mich nicht verrätst, sagte Jürgen da schnell, es ist wegen den
Ratten.

Die krummen Beine kamen einen Schritt zurück: Wegen den Ratten?

Ja, die essen doch von Toten. Von Menschen. Da leben sie doch von.

Wer sagt das?

65 Unser Lehrer.

Und du passt nun auf die Ratten auf?, fragte der Mann.

Auf die doch nicht! Und dann sagte er ganz leise: Mein Bruder, der
liegt nämlich da unten. Da. Jürgen zeigte mit dem Stock auf die zu-
sammengesackten Mauern. Unser Haus kriegte eine Bombe. Mit
70 einmal war das Licht weg im Keller. Und er auch. Wir haben noch ge-
rufen. Er war viel kleiner als ich. Erst vier. Er muss hier ja noch sein. Er
ist doch viel kleiner als ich.

Der Mann sah von oben auf das Haargestrüpp. Aber dann sagte er
plötzlich: Ja, hat euer Lehrer euch denn nicht gesagt, dass die Ratten
75 nachts schlafen?

Nein, flüsterte Jürgen und sah mit einmal ganz müde aus, das hat er
nicht gesagt.

Na, sagte der Mann, das ist aber ein Lehrer, wenn er das nicht mal

weiß. Nachts schlafen die Ratten doch. Nachts kannst du ruhig nach
80 Hause gehen. Nachts schlafen sie immer. Wenn es dunkel wird, schon.
Jürgen machte mit seinem Stock kleine Kuhlen in den Schutt. Lauter
kleine Betten sind das, dachte er, alles kleine Betten.
Da sagte der Mann (und seine krummen Beine waren ganz unruhig
dabei): Weißt du was? Jetzt füttere ich schnell meine Kaninchen und
85 wenn es dunkel wird, hole ich dich ab. Vielleicht kann ich eins mit-
bringen. Ein kleines, oder was meinst du?
Jürgen machte kleine Kuhlen in den Schutt. Lauter kleine Kaninchen.
Weiße, graue, weißgraue. Ich weiß nicht, sagte er leise und sah auf die
krummen Beine, wenn sie wirklich nachts schlafen.
90 Der Mann stieg über die Mauerreste weg auf die Straße. Natürlich,
sagte er von da, euer Lehrer soll einpacken, wenn er das nicht mal
weiß.

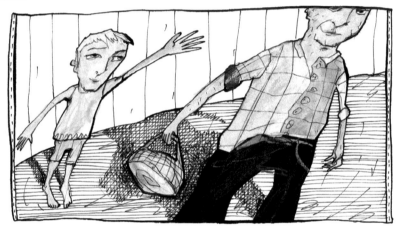

Da stand Jürgen auf und fragte: Wenn ich eins kriegen kann? Ein
weißes vielleicht?
95 Ich will mal versuchen, rief der Mann schon im Weggehen, aber du
musst hier so lange warten. Ich gehe dann mit dir nach Hause, weißt
du? Ich muss deinem Vater doch sagen, wie so ein Kaninchenstall ge-
baut wird. Denn das müsst ihr ja wissen.
Ja, rief Jürgen, ich warte. Ich muss ja noch aufpassen, bis es dunkel
100 wird. Ich warte bestimmt. Und er rief: Wir haben auch noch Bretter zu
Hause. Kistenbretter, rief er.
Aber das hörte der Mann schon nicht mehr. Er lief mit seinen krummen Beinen auf die Sonne zu. Die war schon rot vom Abend und Jürgen konnte sehen, wie sie durch die Beine hindurchschien, so krumm
105 waren sie. Und der Korb schwenkte aufgeregt hin und her. Kaninchenfutter war da drin. Grünes Kaninchenfutter, das war etwas grau vom
Schutt.

1 Die Geschichte kennen lernen

a) Lies die Geschichte genau.

b) Beantworte die W-Fragen. Notiere deine Ergebnisse stichpunktartig und gib die Zeilen an, in denen du die Antworten findest.

2 Die Geschichte zusammenfassen

a) Teile die Geschichte in sinnvolle Abschnitte ein.

b) Besprich deine Einteilung mit deinem Partner/deiner Partnerin
oder in der Klasse.

c) Zeichne eine Tabelle in dein Heft und ordne die Informationen
aus den Abschnitten ein.

START	Wer kommt vor?	Wo spielt die Geschichte?	Wann geschieht es?	Was geschieht?
Zeile ...	...	...	...	...

d) Verfasse einen kurzen Text, in dem du die Geschichte in drei bis
vier Sätzen zusammenfasst.

3 Die Personen der Geschichte beschreiben

a) Was erfährst du über Jürgen und den Mann?
Notiere deine Ergebnisse und gib die Zeilennummer an.

b) Was geht Jürgen im Laufe der Geschichte durch den Kopf?
Notiert mögliche Gedanken und gebt mit Hilfe der Zeilennummer an, zu welcher Stelle der Erzählung sie passen würden.

c) Die Behauptung „Nachts schlafen die Ratten doch" ist eine
Lüge. Sprecht darüber, ob der Mann richtig handelt.

d) Schreibt in Stichpunkten auf, was der ältere Mann seiner Frau
über die Begegnung mit Jürgen erzählen könnte.
Notiert auch Fragen, die seine Frau stellen könnte.

e) Spielt das Gespräch vor der Klasse.

4 **Die Textsorte überprüfen**

a) Prüfe mit Hilfe der Tabelle auf S. 72, ob es sich bei dem Text „Nachts schlafen die Ratten doch" von Wolfgang Borchert um eine Kurzgeschichte handelt. Belege mit Textstellen.

b) Im Schlusssatz nennt der Autor zwei verschiedene Farben. Sammelt in einem Cluster, was euch zu „grün" und „grau" einfällt.
Was könnten die beiden Farben mit dem Inhalt des Textes zu tun haben?

5 a) Informiere dich über das Leben von Wolfgang Borchert mit Hilfe des folgenden Textes, eines Lexikons oder des Internets. Schreibe einen Lebenslauf des Autors.

Heinrich Böll
Die Stimme Wolfgang Borcherts

Wolfgang Borchert war achtzehn Jahre alt, als der Krieg ausbrach, vierundzwanzig, als er zu Ende war. Krieg und Kerker hatten seine Gesundheit zerstört, das Übrige tat die Hungersnot der Nachkriegsjahre, er starb am 20. November 1947, sechsundzwanzig Jahre alt. Zwei Jahre
5 blieben ihm zum Schreiben, und er schrieb in diesen beiden Jahren, wie jemand im Wettlauf mit dem Tode schreibt; Wolfgang Borchert hatte keine Zeit, und er wusste es. Er zählt zu den Opfern des Krieges, es war ihm über die Schwelle des Krieges hinaus nur eine kurze Frist gegeben, um den Überlebenden [...] zu sagen, was die Toten des Krie-
10 ges, zu denen er gehört, nicht mehr sagen konnten. [...]

b) Sammle Informationen zu weiteren Nachkriegsautoren und -autorinnen.

Tipp
Wolfgang Borchert
geboren: ...
gestorben: ...
Erlebnisse/
Erfahrungen: ...
Werke: ...

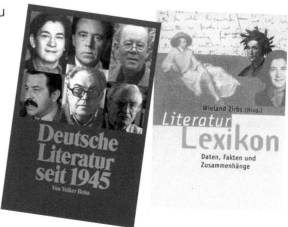

73

Planen und Schreiben erzählender Texte

Sich in Texte einfinden und weitererzählen

Georg Britting
Brudermord im Altwasser

Das sind grünschwarze Tümpel, von
Weiden überhangen, von Wasser-
jungfern übersurrt, das heißt:
Wie Tümpel und kleine
5 Weiher ist es anzu-
sehen, und es ist
doch nur Donau-
wasser, durch Stein-
dämme abgesondert
10 vom großen, grünen
Strom. Altwasser, wie
man es nennt. Fische
gibt es im Altwasser,
viele, Fischkönig ist
15 der Bürstling, ein
Raubtier mit zackiger,
kratzender Rücken-
flosse, mit bösen Au-
gen, einem gefräßigen
20 Maul, grünschwarz schil-
lernd, wie das Wasser, darin
er jagt. Und wie heiß es hier

im Sommer ist! Die Weiden schlucken den Wind, der draußen über
dem Strom immer geht. Und aus dem Schlamm steigt ein Geruch wie
25 Fäulnis und Kot und Tod. Kein besserer Ort ist zudem zu finden für
Knabenspiele als dieses grün dämmernde Gebiet. Und hier geschah,
was ich jetzt erzähle.
Die drei Hofberger Jungen, elfjährig, zwölfjährig, dreizehnjährig, waren damals im August jeden Tag auf den heißen Steindämmen, [...]

Selma Lagerlöf

Es gibt immer einen Ausweg

In Schweden haben Wölfe einmal einen Bauern
überfallen, der mit einer Ladung von Kübeln und
Bottichen unterwegs war. Es war Winter und die Wölfe
– etwa acht oder zehn – verfolgten den Schlitten. Der
5 Bauer hatte kein gutes Pferd und deshalb wenig Hoffnung, ihnen zu entkommen.
Er peitschte auf das Pferd ein und es lief wie noch
nie. Trotzdem kamen die Wölfe immer näher. Es war
eine sehr einsame Gegend. Der nächste Hof lag weit
10 entfernt. Der Bauer glaubte, dass seine letzte Stunde
gekommen sei, und er fühlte, wie ihm vor Entsetzen
die Glieder erstarrten.
Während er wie gelähmt auf seinem Schlitten saß,
sah er, dass sich zwischen den Tannenbüschen
15 am Wegrand etwas bewegte. Als er erkannte,
was es war, wuchs sein Schrecken ins Ungeheure:
Es war die Marlin, ein altes Bettelweib, eine Landstreicherin. [...]

1 Sich in eine Situation einfinden

   a) Lies jeden Textanfang genau.

   b) Entscheide dich für einen Text, der dich neugierig macht.
      Lies den Text noch einmal genau.

   c) Welche Gefühle und Gedanken hast du beim Lesen?
      Besprich es mit einem Partner. Notiert stichpunktartig.

2 Eine Geschichte weitererzählen

   a) Stellt euch Fragen zum Text und notiert alle wichtigen
      Informationen.

   b) Überlegt, welche Hinweise euch die Überschrift für den weiteren
      Verlauf der Geschichte gibt.

   c) Erzählt die Geschichte weiter. Notiert Stichpunkte als Gedächt-
      nisstütze dazu.

   d) Teilt euer Ergebnis der Klasse mit, indem ihr kurz die Situation
      wiederholt und dann die Geschichte weitererzählt.

Tipp

• Um wen geht es?
• Wie sieht die Land-
  schaft aus?
• Wo und wann spielt
  die Geschichte?
• ...

Tipp

Denke dir Fragen
zum Text aus. Das
ist eine Hilfe, um
den Text in sinnvolle
Abschnitte zu
gliedern.

Aus einer anderen Perspektive schreiben

Die folgende Geschichte spielt in den USA zur Zeit der großen Wirtschaftskrise um 1920. Damals waren viele Menschen arbeitslos und zogen auf der Suche nach Arbeit im Land herum.

Wolfgang Pramper
nach einer Idee von Olaf Sölmund
Todesangst

Schließlich war mein Geld zu Ende, und ich stand buchstäblich ohne einen Cent in der Tasche auf der Straße. Ich lief mir die Füße nach einem anständigen Verdienst ab, aber niemand konnte mich brauchen. Der Hunger nagte in den Eingeweiden und sah mir aus den Augen.

5 Endlich gelang es mir, auf einer Landstraße ein altes Auto anzuhalten, dessen Besitzer zufällig ein Zirkusdirektor war. Er bereiste die kleinen Städte des Westens und brauchte gerade jemanden, der im Zirkusgeschäft „fest zupacken wollte". Ich schien der richtige Mann für ihn zu sein. Da mir keine andere Wahl blieb, nahm ich schließlich an.

10 Aber was dieser Kerl mir vorschlug, war selbst für Amerika außergewöhnlich: Ich sollte mich in die Haut eines Tigers einnähen lassen und dann zu einem lebendigen Löwen in den Käfig steigen. „Well, my old boy", sagte er, „Johnny, mein einziger Tiger, ist krepiert. Ganz plötzlich, ohne sich zu verabschieden! Lag eines Morgens da und

15 machte nicht mehr ‚piep'. Hab aber die verdammt starke Nummer schon auf Plakaten angekündigt, muss einen coolen Tiger haben, auch wenn's mich einige Scheinchen kostet. Ist ja die steilste Attraktion der Vorstellung. Brauchst aber keine feuchten Hände zu kriegen, Junge, der Löwe ist alt und nicht gerade helle im Oberstübchen, der kann

20 keiner lausigen Fliege ein Haar krümmen. Ist ein ganz fetter aufgeblasener Bursche, wird sich gar nicht umsehen nach dir. Bis der den Braten gerochen hat, bist du längst wieder abgezischt, also, dear friend, was ist, bist du dabei?" Mein Gefühl sagte mir, dass ich diesem Mann nicht trauen sollte, außerdem spürte ich wirklich keine Neugier-

25 de, mich als Tiger aufzuspielen. Doch der „feine" Herr ließ mich gar nicht mehr zu Wort kommen. Obwohl ich aus dem Wagen wollte, gab er Gas, und wir holperten über die Straßen, dass mir Hören und Sehen verging. Schließlich hatte er mich überredet, und ich war bereit, für einen Dollar pro Vorstellung in den Käfig zu gehen.

30 Seitdem weiß ich, was entsetzliche Angst ist. Der Bursche ließ mich nicht aus den Augen, und als der Abend kam, packten mich zwei

handfeste Kerle, nähten mich in das stinkende Tigerfell und schoben
mich in den Käfig hinein. Das Zelt war voll, und die Zuschauer brüllten, als ich verwirrt umhertaumelte. Mein Herz schlug rasend, der
35 Schweiß brach mir aus allen Poren. Ich hatte ganz erbärmliche Furcht,
meine Knie zitterten so stark, dass ich mich kaum auf den Beinen
halten konnte.

Erst bewegte sich der Löwe nicht. Die Leute im Zirkus brüllten, pfif-
fen und klatschten mit den Händen. Dann hob das Untier langsam
40 den Kopf und schüttelte seine Mähne. Es war ein prächtiges Tier, das
jedem Zoo Ehre gemacht hätte. Jetzt erhob sich der Löwe gemächlich
und kam langsam auf mich zu. Ich legte mich nieder und ahmte in
meiner Verzweiflung einen sprungbereiten Tiger nach, da ich glaubte,
ihn dadurch abschrecken zu können. Doch er kam näher. Ich schloss
45 die Augen, wollte schreien, doch die Kehle war wie zugeschnürt.
Keinen Laut brachte ich heraus. Ich wollte aufspringen, doch die
Todesangst lähmte meine Glieder. Wenn ich auch wenig sah, so ver-
nahm ich doch, wie die Bestie knurrend auf mich zukam, und hörte,
wie die schweren Tatzen über den Sandboden schleiften. Näher und
50 näher kam das Biest heran und ich fühlte, dass es schon ganz nahe bei
mir war, spürte plötzlich, vor Schreck zusammenzuckend, wie es mich
mit der Pranke anstieß, roch seinen heißen Atem, und da hörte ich,
wie es mir zuflüsterte: „Gibt der Lump dir auch nur einen Dollar?"

1 Den Text verstehen

a) Lies den Text genau und kläre unbekannte Wörter.

b) Beantworte die folgenden Fragen, ohne im Text nachzulesen.
Notiere deine Antworten.
- Wie treffen sich der Mann und der Zirkusdirektor?
- Um welche Arbeit handelt es sich?
- Wie reagiert der Mann zuerst auf das Angebot?
- Wie verhält sich der Mann, als der Löwe auf ihn zukommt?
- Was geschieht am Ende der Erzählung?

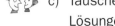 c) Tausche deine Notizen mit einem Partner. Überprüfe seine
Lösungen, indem du im Text noch einmal genau nachliest.

2 Die Textsorte untersuchen

a) Überprüfe, ob die Erzählung eine Kurzgeschichte ist.

b) Belege deine Aussagen mit dem Text.

Grundwissen
Textsorten
▶ S. 180

Tipp

Manege:
Fläche in der Mitte
des Zirkus, auf der
die Aufführungen
stattfinden

3 Die Figuren und die Stimmung der Erzählung untersuchen

a) Beschreibe die Situation des Mannes zu Beginn der Erzählung mit eigenen Worten. Suche für jede Aussage einen Beleg aus dem Text.

b) Charakterisiere den Zirkusdirektor auf Grund seiner Sprache und seines Verhaltens. Stütze deine Aussagen mit Belegen aus dem Text.

c) Schreibe Textstellen heraus, die die Stimmung der Zuschauer in der Manege beschreiben. Suche Adjektive, die dazu passen.

d) Im Käfig in der Manege begegnen sich Tiger und Löwe. Stelle das Verhalten der beiden gegenüber. Nenne die Zeile.

Tiger	Löwe
taumelt verwirrt herum (Z. 34)	bewegt sich nicht (Z. 38)
Herz schlägt rasend (Z. 34)	hebt langsam den Kopf (Z. 39–40)
Schweiß bricht aus (Z. 34–35)	schüttelt seine Mähne (Z. 40)
…	…

e) Der Autor macht in den Zeilen 33–53 die Stimmung im Käfig besonders gut deutlich. Überlege, wie ihm dies gelingt. Vergleiche dazu die Sprache und den Inhalt der Zeilen 33–53 mit dem vorhergehenden Text.

4 Eine Erzählung vorbereiten

a) Was geschieht in den Zeilen 1–12? Erzählt dies in ein bis zwei Sätzen. Beantwortet dabei die W-Fragen: Wer? Was? Wo? Wann? Warum?

 Ein arbeitsloser Mann wurde von einem Zirkusdirektor …

b) Denkt euch verschiedene Möglichkeiten aus, wie die Erzählung nach Zeile 53 weitergehen könnte. Berücksichtigt dabei die besondere Stimmung im Zirkuszelt sowie die Verhaltensweisen von Löwe und Tiger. Notiert eure Ergebnisse stichpunktartig.

5 Die Erzählung aus Sicht des Löwen schreiben

a) Schreibe eine Einleitung.
   - Erzähle in ein bis zwei Sätzen, wie der Mann als Löwe zum Zirkus kam.
   - Kläre dabei die W-Fragen: Wer? Was? Wo? Wann? Warum?
   - Wähle als Erzählform entweder den Er-Erzähler oder den Ich-Erzähler.

(START) *Ein Mann wurde von einem Zirkusdirektor angesprochen …*
Ich wurde von einem Zirkusdirektor angesprochen …

Tipp

Die Ergebnisse der Aufgabe 1 b) können dir behilflich sein.

b) Schreibe einen Hauptteil.
   - Achte darauf, dass du aus dem Text übernimmst, wie die Figuren sind.
   - Schildere die Begegnung mit dem Tiger. Beschreibe dabei sehr genau die Gefühle und Eindrücke des Löwen.
   - Denke an die Stimmung in der Manege.

c) Schreibe einen neuen Schluss.
   - Du kannst ein Ende schreiben, das die Erzählung abschließt, oder dich für einen offenen Schluss entscheiden.
   - Schreibe nicht mehr als drei Sätze.

Tipp

Verwende treffende Adjektive, z.B.: majestätisch, bedrohlich, selbstsicher

6 Den eigenen Text überarbeiten

a) Lies deinen Text noch einmal langsam und aufmerksam. Achte darauf, dass die Übergänge zwischen den einzelnen Erzählschritten verständlich sind.

b) Ersetze Wortwiederholungen durch andere Wörter oder Formulierungen.

c) Kläre die Schreibweise schwieriger Wörter mit Hilfe eines Wörterbuches.

d) Prüfe, ob du die passenden Zeiten verwendet hast:
   Erzählzeit: Präteritum (*Ich sah, wie …*)
   Rückblick (Vorzeitigkeit):   Plusquamperfekt
                                (*Ich hatte gesehen, wie …*)
   Wörtliche Rede: Präsens (*„Was hat er vor?"*)

 e) Stellt euch eure Texte gegenseitig vor.

Aus einer anderen Perspektive schreiben

Monika Seck-Agthe
Mein Bruder hat grüne Haare

Gestern hat sich mein Bruder Johannes eine Haarsträhne grün färben lassen. Die restlichen Haare hat er mit Baby-Öl eingeschmiert, dann hat er sich ganz schwarz angezogen und sich so an den Kaffeetisch gesetzt. Mein Bruder ist fünfzehn, und ich bin dreizehn. Er sagt, er sei
5 jetzt ein Punk. Wenn ich ihn frage, was das ist, weiß er das selber nicht so genau. Jedenfalls gab's einen ziemlichen Krach, als er so vor der versammelten Familie erschienen ist. Meine Eltern haben sich noch nicht mal so aufgeregt, aber dann war da noch meine Tante Vera. Und die ist fast vom Stuhl gefallen, als der Johannes in dem Aufzug reinge-
10 kommen ist. „Bist du eigentlich übergeschnappt? Ihr seid ja wohl heute alle total verrückt geworden!", hat sie sich aufgeregt. Der Johannes ist ganz ruhig geblieben, hat einfach nichts gesagt und angefangen, Kuchen zu essen. Das hat meine Tante natürlich nur noch wütender gemacht. Sie fing richtig an zu kreischen: „Kannst du nicht wenigstens
15 deinen Schnabel aufmachen, wenn man dich was fragt? Ich versteh euch aber auch nicht!" Sie funkelte meine Eltern an. „Lasst ihr die Kinder denn alles machen, was ihnen in den Kopf kommt!" Mein Vater sagte bloß: „Der Junge ist doch alt genug! Der muss schon wissen, was er tut." – „Alt genug? Fünfzehn Jahre ist der alt! Ein ganz grünes
20 Bürschchen!" Als Tante Vera das Wort grün sagte, mussten wir alle auf die grüne Haarsträhne gucken und lachen. Nur eben Tante Vera, die musste nicht lachen. Sie hat auch gar nicht kapiert, dass wir über die Haare gelacht haben, sondern dachte natürlich, wir lachen über sie, und ärgerte sich schrecklich. „Die wissen doch vor lauter Wohlstand
25 nicht mehr, was sie noch machen sollen! Wisst ihr eigentlich, was wir mit fünfzehn gemacht haben? Mitten im Krieg! Wir sind bei Bauern betteln gegangen! Um ein paar Rüben! Weil wir gehungert haben!"
„Lass das doch, Vera! Die Kinder leben doch heute in einer ganz anderen Welt als wir damals." Meine Mutter stand auf und räumte
30 die Kaffeetassen weg. Aber Tante Vera war in Fahrt. „Im Luftschutzkeller haben wir gesessen! Und wussten nicht, ob wir da je wieder lebendig rauskommen! Und ihr färbt euch die Haare grün! Und schmiert euch Öl auf den Kopf! Guckt mal lieber in eure Schulbücher!"

„Hör doch bloß auf mit deinen blöden Kriegsgeschichten. Die hängen
35 mir absolut zum Halse heraus, Mensch!" Johannes tat so, als müsste
er auf seinen Teller kotzen. Dann sagte er noch: „Versuch doch einfach
mal, einigermaßen cool zu bleiben, Vera."
Das war zu viel für meine Tante. „Seit wann nennst du mich Vera! Bin
ich irgendein Pipimädchen, das neben dir die Schulbank drückt! Das
40 ist doch unerhört! Blöde Kriegsgeschichten, hat er gesagt! Euch geht's
doch einfach zu gut! Euch ist das doch gar nicht bewusst, was das
heißt, im Frieden zu leben! Begreift ihr überhaupt, was das ist?"
Johannes tat weiter ganz cool. Aber ich hab gesehn, dass seine Hände
ganz schön zitterten. Dann ist er aufgestanden und hat gesagt: „Vom
45 Frieden hast du wohl selber nicht allzu viel kapiert. Sonst würdest du
hier nämlich nicht so einen Tanz machen." Dann ging er einfach raus.
Tante Vera kriegte einen knallroten Kopf und fing an zu heulen. Mein
Vater holte die Kognakflasche aus dem Schrank. Meine Mutter sagte
zu mir: „Du, geh mal für'n Moment in dein Zimmer, ja!" Mir war alles
50 plötzlich richtig peinlich. Im Flur hab ich Tante Vera noch weiter
heulen gehört. Die konnte kaum noch reden. „Wie wir damals gelitten
haben! Was wir durchgemacht haben! Und da sagt dieser Rotzlümmel
,blöde Kriegsgeschichten'!"
Ich bin raufgegangen. Aus Johannes' Zimmer dröhnte knalllaute
55 Musik. Mit einem Mal hab ich eine Riesenwut gekriegt auf den, bin
in sein Zimmer gerannt und hab gebrüllt: „Setz dir wenigstens deine
Kopfhörer auf, wenn du schon so 'ne Scheißmusik hörst!"
Johannes hat mich groß angeguckt und gesagt: „Jetzt fängst du auch
noch an auszurasten! Was ist hier überhaupt los! Der totale Krieg,
60 oder was?" Mir war's zu blöd, ich hab die Tür zugepfeffert und mich
in mein Zimmer verzogen.
Abends im Bett musste ich noch mal über alles nachdenken. Auch
über das, was Tante Vera gesagt hatte. Über die Luftschutzkeller und
dass sie Angst gehabt hat und so. Und dass sie meint, wir würden
65 nicht begreifen, was das ist: Frieden. So richtig in Frieden leben wir,
glaub ich, auch gar nicht. Aber natürlich auch nicht richtig im Krieg.
Wir können schon eine Menge machen, was die damals nicht konnten. Und vieles, was die machen und aushalten mussten, das passiert
uns eben nicht, dass wir zum Beispiel hungern müssen oder Angst
70 haben, ob wir den nächsten Tag noch erleben.
Da bin ich eigentlich auch unheimlich froh drüber. Aber trotzdem:
Bloß weil kein Krieg ist, ist noch lange kein richtiger Frieden. Dazu
gehört, glaub ich, noch eine ganze Menge mehr.

1 Den Text verstehen

a) Lies den Text und kläre unbekannte Wörter.

b) Beantworte die W-Fragen.

c) Teile die Erzählung in Abschnitte ein. Fasse den Inhalt jedes Abschnittes kurz zusammen.

START Zeilen	Inhalt
1–6	Der Bruder wird beschrieben.
6–10	Die Reaktion der Familie.

2 Die Textsorte untersuchen

a) Überprüfe anhand der Merkmale auf S. 180, ob die Erzählung eine Kurzgeschichte ist.

b) Belege deine Aussagen mit dem Text.

3 Die Figuren und die Stimmung der Erzählung untersuchen

a) Lies nochmals genau und kläre folgende Punkte:
- die wichtigen Informationen zur Familie:
  Was tut die Familie gerade?
  Wer gehört zur Familie?
- die Verhaltensweisen der Personen, vor allem von Tante Vera und Johannes
- die Stimmung der Familie vor, während und nach der Auseinandersetzung

b) Der Ausdruck „grünes Bürschchen" (Zeile 19–20) ist heutzutage veraltet.
Was ist wohl damit gemeint?
Überlegt gemeinsam. Schreibt eine ausführliche Erklärung auf.

c) Achte auf den Erzählstil des Textes.
Woran merkst du, dass die Geschichte aus Sicht eines/einer Jugendlichen geschildert ist?
Begründe deine Ansicht.

4 Die Erzählung aus Sicht des Bruders vorbereiten

a) Warum wurde Johannes wohl ein „Punk"? Schreibe dies als Einleitung. Beantworte dabei die W-Fragen.

b) Suche passende Adjektive, die die Gefühle von Johannes bei der Auseinandersetzung mit Tante Vera beschreiben.

c) Wie könnte es mit Johannes weitergehen? Suche einen passenden Schluss ab Zeile 62.

5 Die Erzählung aus Sicht von Johannes schreiben

- Entscheide dich für einen Er- oder einen Ich-Erzähler.
- Schreibe eine kurze Einleitung, einen Hauptteil mit abschlie-ßendem Höhepunkt und einen kurzen Schluss.
- Schildere im Hauptteil besonders die Gefühle von Johannes. Verwende das Präteritum.

6 Den eigenen Text überarbeiten

a) Lies deinen Text noch einmal und prüfe folgende Punkte:
  - Sind die Übergänge verständlich?
  - Hast du Wortwiederholungen vermieden?
  - Hast du die Schreibweise von Wörtern nachgeschlagen, bei denen du unsicher bist?
  - Hast du die passenden Zeiten verwendet?

b) Stellt euch eure Texte gegenseitig vor.

7 Zu einer Aussage Stellung nehmen

Nimm Stellung zu folgender Aussage: „Bloß weil kein Krieg ist, ist noch lange kein richtiger Frieden." (Z. 72)

a) Sammle Gedanken zu „Krieg" und „Frieden" in Form eines Clusters.

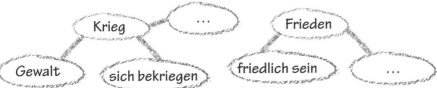

b) Überlege dir, was Johannes' Schwester mit diesem Satz aus-sagen wollte.

Arbeitstechniken

Informationen beschaffen

Themen eines Textes erkennen

Am Salzsee

War der Mensch vom
Wahnsinn getrieben?
12 000 Menschen hatte
Brigham Young im
5 Winter 1845/46 Hun-
derte von Meilen durch
den amerikanischen Wes-
ten geführt. Und jetzt
wollte er da siedeln, wo
10 es nichts gab außer Salz,
Fels und Wüste! Ausge-
rechnet das Ufer eines

100 Kilometer langen Salzsees sollte den Menschen eine neue Heimat
werden. Der Treck des Brigham Young bestand aus Mormonen, die
15 überall nur verfolgt und bedroht und schließlich auch aus dem Staat
Illinois hinausgeworfen worden waren. Mit ihren ungewöhnlichen
Glaubensinhalten [...] hatten sie andere Christen gegen sich aufge-
bracht. Am Salzsee wollten sie endlich ihren Traum eines Gottes-Kö-
nigreichs verwirklichen. Hier gründeten sie die Stadt „Salt Lake City",
20 die rund 150 Jahre später, im Februar 2002, zum Schauplatz der Olympischen Winterspiele wurde.

1 Der Text enthält Informationen zu verschiedenen Themen:

Mormonen   **Olympische Spiele**   **Salt Lake City**

a) Auf welche Fragen gibt dir der
Text Antworten?

b) Über welches Thema möchtest
du mehr erfahren?
Erstelle dazu eine Mind-Map.

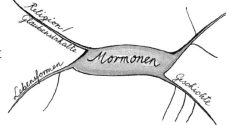

Informationsquellen auswählen

2 a) Vergleicht die dargestellten
Informationsquellen.
Beantwortet dazu die
folgenden Fragen:
- Welche Kosten kommen
auf mich zu?
- Kann ich die Informations-
quelle gut erreichen?
- Wie groß ist der Zeitauf-
wand?
- Sind die Informationen noch aktuell?
- Sind die Informationen für mich verständlich?

b) Welche weiteren Informationsquellen könnt ihr nutzen?

Informationen festhalten

3 So kannst du arbeiten:
- Notizen mit Datum versehen
- Quellenangaben, Seitenangaben notieren
- Zettel oder Karteikarten nummerieren
- Kasten oder Ordner anlegen
- Informationen im Computer
richtig abspeichern

a) Sprecht über
die Vorteile
und Probleme der
Vorschläge.

b) Ergänzt weitere Möglichkeiten.

Informationsmaterial bewerten

4 a) Untersuche die Informationsquellen A, B und C.
Zu welchen Themen aus Aufgabe 1 (S. 84) erfährst du
Genaueres? Notiere in Stichpunkten. Ordne deine Notizen den
Themen zu.

A

Encarta Online

Stichwortverzeichnis Enzyklopädie
Salt Lake C   OK   Per E-Mail an Freunde senden   Enzyklopädie   Encarta

Salt Lake City

Artikel durchsuchen
Artikel drucken

Salt Lake City, Hauptstadt des Bundesstaates Utah (USA), am Großen Salzsee.

Die Stadt ist Standort der verschiedensten Industriezweige. Erdölprodukte, Metallwaren, Nahrungsmittel,
Druckerzeugnisse und Textilien werden hier hergestellt. Von wirtschaftlicher Bedeutung ist auch der
Abbau von Kupfer, Silber, Blei, Zink, Kohle, Eisenerz und anderen Mineralien in den nahe gelegenen
Bergbaugebieten. Das internationale Hauptquartier der Mormonen ist eines der herausragendsten Gebäude
der Stadt.
Weitere Attraktionen in Salt Lake City sind das Tabernakel der Mormonen (1867), Heimat des 325 Stimmen
starken Tabernakel-Mormonen-Chors, der Mormonentempel aus dem Jahr 1893, das Kapitol (1915) sowie das
Museum der Schönen Künste von Utah und die Symphony Hall, in der das Symphonieorchester des Bundesstaates zu Hause ist. Salt Lake beheimatet die Universität Utah (1850), das Westminster College (1875) und
ein städtisches College.

B

Young und sein Gefolge schufen ein
ausgeklügeltes Bewässerungssystem,
mit dem sie die Wüsten rund um den
Salzsee fruchtbar machten. Fleißig
5 produzierten sie Stoffe, Kleider, Möbel
und Milchwaren und brachten es so zu
einem [...] bescheidenen Wohlstand.
Zur besten Geschäftsgrundlage der
Mormonen entwickelte sich freilich
10 ausgerechnet die lebensfeindliche
Natur Utahs. Denn verborgen in der
rotbraunen Erde und im Uferschlamm
schlummerte Gold. Der Rausch, den
das Edelmetall Mitte des 19. Jahr-
15 hunderts auslöste, trieb jede Menge
Glücksritter und damit viel Geld nach
Salt Lake City.

C   Olympische Spiele: Winterspiele

	Jahr	Ort		Jahr	Ort
I.	1924	Chamonix-Mont-Blanc	XI.	1972	Sapporo
II.	1928	Sankt Moritz	XII.	1976	Innsbruck
III.	1932	Lake Placid (NY)	XIII.	1980	Lake Placid (NY)
IV.	1936	Garmisch-Partenkirchen	XIV.	1984	Sarajevo
V.	1948	Sankt Moritz	XV.	1988	Calgary
VI.	1952	Oslo	XVI.	1992	Albertville
VII.	1956	Cortina d'Ampezzo	XVII.	1994	Lillehammer
VIII.	1960	Squaw Valley (Calif.)	XVIII.	1998	Nagano
IX.	1964	Innsbruck	XIX.	2002	Salt Lake City (Ut.)
X.	1968	Grenoble	XX.	2006	Turin

b) Mit manchen Informationen kann man wenig anfangen.
Begründe.

5 Sucht nach weiteren Informationen zu den genannten Themen.
Verwendet für jedes Thema ein eigenes Blatt und notiert in Stichpunkten alles, was dazu passt.

Informationen ordnen

So könnten
beispielsweise
Notizen zum
Thema „Salzsee"
aussehen:

– abflusslose Seen in heißen Trockengebieten
– sehr hoher Salzgehalt durch Verdunstung
– am bekanntesten: Totes Meer und Großer Salzsee in Utah
– Salzgehalt Großer Salzsee bis 27 %
– Salze: Kochsalz, Magnesiumchlorid, Magnesiumsulfat, Natron
– Great Salt Lake 1280 m über dem Meeresspiegel
– im Pleistozän 50 000 km²

6 a) Welche Dinge sind
euch hier unklar?
Schreibt Fragen
dazu auf.

– in flacher Umgebung im Osten des Großen Beckens (Utah)
– Seefläche wechselt stark
(1873: 6200 km² – 1963: 2500 km²)

b) Versucht, gemeinsam Antworten zu finden.

c) Ordnet die Angaben. Schreibt jeden Punkt auf einen Zettel und
verschiebt diese Zettel. Entscheidet, welche Anordnung ihr am
besten findet.

d) Sortiert überflüssige oder unverständliche Zettel aus.

e) Überarbeitet eure eigenen Notizen aus Aufgabe 4 ebenso.

87

Im Internet Informationen suchen

Zur Suche im Internet nutzt man die Dienste von Suchmaschinen,
z.B.: www.milkmoon.de (für Kinder und Jugendliche); www.google.de;
www.altavista.com; www.fireball.de. Um tatsächlich fündig zu werden,
musst du dir aber zuerst geeignete Suchbegriffe überlegen.

Eingabe eines Begriffes ➔ Alle Seiten, die das Wort enthalten, werden aufgelistet.

Eingabe mehrerer Begriffe ➔ Die Suche beschränkt sich auf Seiten, die beide Begriffe enthalten, z.B.: USA Mormonen.

Eingabe eines Themas oder eines Namens zwischen „ " ➔ Der komplette Name oder das genaue Thema werden gesucht, z.B.: „Brigham Young".

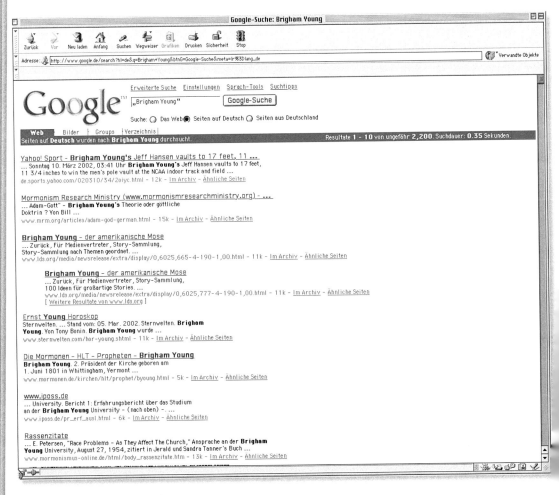

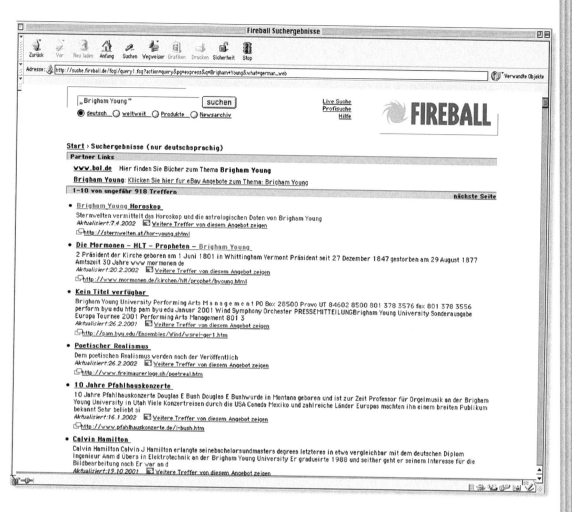

1 Über die verschiedenen Suchmaschinen erhältst du meistens eine
lange Liste von Seiten, die den gewünschten Begriff enthalten.

a) Untersuche die beiden abgebildeten Beispiele.
Lies die angegebenen Seiten-Adressen und Inhalts-
beschreibungen genau.
Finde heraus, ob gleiche Seiten mehrmals genannt werden.

b) Auf welchen Seiten könntest du am ehesten brauchbare Informationen über Brigham Young finden? Wähle nur zwei Adressen
aus.

2 a) Wähle ein Thema und suche selbst im Internet geeignete
Seiten dazu.
Wie lange brauchst du, um etwas Passendes zu finden?

b) Überprüfe, ob deine Vorauswahl-Methode gut war.
Was könntest du anders machen?
Starte einen zweiten Suchdurchgang.
Versuche, schneller an geeignete Informationen zu kommen.

> **Tipp**
>
> **Strategie-Tipps:**
> Vor der Suche einen
> eigenen Ordner
> auf dem Computer
> anlegen!
> Brauchbare Seiten
> in diesem Ordner
> ablegen!
> Schon einmal
> besuchte Seiten
> sind oft auch offline
> verfügbar!

Mit Texten arbeiten

Unwichtiges streichen

✎ **1** Wenn du einen Text als Arbeitsblatt vorliegen hast, kannst du die Wegstreichmethode anwenden.

Las Vegas
Spielerstadt auf Sand

Die Spielerstadt, einst auf Sand und Sünde gebaut, hat sich ein völlig neues Gesicht gegeben – mit Nachbauten legendärer Orte wie Paris, Venedig 5 und den Trauminseln der Südsee. [...] 18 der 20 größten Hotels Amerikas stehen hier, sie halten mehr Zimmer bereit als New York, Paris oder Los Angeles und sind im Schnitt zu 10 90 % ausgebucht. 1999 besuchten 33,8 Millionen Menschen die Stadt, eine Steigerung um mehr als 60 % gegenüber 1990. [...] Einst floss hier Quellwasser und speiste einen grünen 15 Streifen mitten in der Wüste. Daher der Name: Las Vegas, die Auen.

Die Mormonen hatten die Gegend für unbewohnbar erklärt und verlassen, doch irgendwann blieben Goldschür- 20 fer auf dem Weg nach Kalifornien hier hängen, dann kam die Eisenbahn und später das Glücksspiel. Da Nevada außer Sand nichts zu bieten hat, musste es Besonderes offerieren, um Besucher 25 anzulocken und um die einzige größere Stadt des Bundesstaates am Leben zu erhalten. Die Rettung brachte ein Gesetz, das den Betrieb von Spielkasinos erlaubte, während sie überall 30 sonst in den USA verboten waren. So begann der märchenhafte Aufstieg von Las Vegas.

a) Lies den Text genau durch. Kläre Begriffe, die du nicht verstehst, z. B. durch Nachschlagen im Lexikon.

b) Arbeite nun weiter mit einer Textkopie oder einer Folie und Folienstift. Streiche alle überflüssigen und nebensächlichen Satzteile durch, sodass nur die wesentlichen Informationen übrig bleiben.

c) Schreibe diese Informationen als Stichpunkte auf. Verwende möglichst eigene Worte. Versuche, auch Fachbegriffe mit eigenen Worten wiederzugeben.

d) Vergleiche deine Stichpunkte mit denen deines Lernpartners/ deiner Lernpartnerin.

Eine sehr amerikanische „Verbesserung" der Welt

Der Multimillionär Sheldon Adelson hat vor einigen Jahren seine Flitterwochen nicht aufgeschoben und ist nach Venedig, Italien, gereist. Und weil Mrs
5 Adelson so hingerissen war von der Stadt, kam ihrem Mann die Idee für das Luxushotel nach venezianischem Vorbild, für das „Venetian". Adelson ist der Sohn eines Bostoner Taxifah-
10 rers; er hat als Kind Zeitungen und mit 13 Jahren selbst gebackene Bagels verkauft. Sein Konkurrent Stephen Wynn zog als Kind mit seinem Vater durch Bingohallen an der amerikanischen
15 Ostküste und handelte später mit Spirituosen. Und Kirk Kerkorian, der in Las Vegas bereits dreimal das zu seiner Zeit jeweils größte Hotel der Welt ge-baut hat, wuchs als Nachfahre verarm-
20 ter armenischer Immigranten heran. [...] Sie alle träumten vom großen Aufstieg, ja sogar von einer besseren Welt – und haben sie errichtet mit ihren Nachbauten europäischer Städte. [...]
25 „Anders als im echten Paris ist man hier nie bedrückt vom Gefühl, mangelhaft gebildet zu sein", schrieb die „New York Times" über die amerikanische „Verbesserung Mitteleuropas". End-
30 lich darf jedermann im Unterhemd in den „Louvre". Denn die Magnaten von Las Vegas geben sich nicht damit zufrieden, abzukupfern, sie wünschen zu optimieren.

Tipp

Immigrant=
Einwanderer

Louvre=
hier: Nachbau eines bekannten Kunst-museums in Paris

2 a) Lies auch diesen Text genau.
Kläre Begriffe, die du nicht verstehst, z. B. durch Nachschlagen im Lexikon.

b) Arbeite nun weiter mit einer Textkopie oder mit einer Folie und einem Folienstift.
Streiche alle überflüssigen und nebensächlichen Satzteile durch, sodass nur die wesentlichen Informationen übrig bleiben.

c) Vergleiche mit deinem Lernpartner/deiner Lernpartnerin.

Wichtiges erkennen und markieren

Ein Versuch, die Uhren zurückzustellen

Keine Schlucht zieht mehr Besucher an – doch die meisten ahnen nicht, dass der Grand Canyon seit einiger Zeit Sorgen bereitet und sich ein
5 Streit zwischen Wassermanagern und Umweltschützern entzündet hat. David Wegner vom Bureau of Reclamation in Washington fordert die Beseitigung des Glen-Canyon-
10 Damms, der den Colorado River aufstaut.

Solange es den Glen-Canyon-Damm noch nicht gab, hatten in regelmäßigen Abständen, und besonders
15 im Frühjahr, gewaltige Wassermassen den Grand Canyon durchspült. Diese natürlichen Fluten, die bis zu 62 000 Hektoliter Wasser pro Sekunde durch die Schlucht schleusten, lagerten
20 jedes Jahr mehrere Millionen Tonnen Sedimente an Ufern und auf Sandbänken ab, türmten Treibholz auf, dessen Zersetzung Energiegrundlage für die Nahrungskette lieferte, rissen
25 gewaltige Steinblöcke mit. Der Glen-Canyon-Damm, der 1963 den Betrieb aufnahm, änderte dies alles.

Das Wasser, das nun kontrolliert durch dessen Turbinen in den Canyon
30 gelangt, ist nicht mehr trübe und nährstoffreich wie zuvor; und es ist gleich bleibend kalt, sieben Grad Celsius. [...] Pflanzen und Tiere, deren Lebenszyklen dem „alten" Fluss angepasst
35 waren, wichen zunehmend neuen Arten. [...] Fatal ist nur: Der Damm hält nun die gewaltigen Sedimentmassen zurück, die früher Sandbänke und Ufersäume aufbauten und der ange-
40 stammten Vegetation genügend Platz zum Wurzeln lieferten. [...] Jetzt gedeihen an den nackten, flutfreien Ufern schädliche Exoten wie Tamariske, Kameldorn oder Bermudagras.

die Sedimente
das Treibholz
die Turbine
der Lebenszyklus
fatal
die Vegetation
der Exot
die Lebenszyklen

1 a) Lies den Text auf S. 92 genau und kläre unbekannte Wörter mit Hilfe eines Wörterbuches oder eines Lexikons.

b) Arbeite nun weiter mit der Kopie des Grand-Canyon-Textes oder mit Folie und Folienstift. Kennzeichne die wichtigsten Informationen im ersten Teil des Textes (Zeile 1–11) durch Unterstreichen oder farbiges Markieren.

c) Vergleiche deine Stichpunkte mit den beiden folgenden Stichpunktzetteln:
In welchem werden alle wichtigen Informationen genannt?
In welchem werden Fachbegriffe gut erklärt?

> Grand Canyon bereitet Sorgen, Streit.
> David Wegner fordert Beseitigung,
> früher spülten Wassermassen G. C.
> durch, mit Steinblöcken und Treibholz,
> 1963 Glen-Canyon-Damm fertig

> **Streit** um Grand Canyon zwischen Umweltschützern und Wassermanagern,
> **Forderung:** Beseitigung des Glen-Canyon-Damms, der den Colorado River staut
> **Begründung:** Früher jedes Jahr Durchspülung des G. C. durch ca. 62.000 Hektoliter Wasser pro Sek.,
> **dadurch:** Ablagerung von Lockergestein, Treibholz (bei Zerfall Grundlage für Nahrungskette)
> **ab 1963:** ...

d) Überarbeite deinen Stichpunktzettel nun noch einmal. Achte darauf, dass er übersichtlich ist.

e) Du kannst auch ohne vorheriges Markieren die wichtigsten Informationen aus dem Text herausschreiben. Im zweiten Abschnitt (Zeile 12–27) geht es um die Veränderungen, die durch den Glen-Canyon-Damm ab 1963 eingetreten sind. Schreibe sie als Stichwortliste heraus:

(START) Ab 1963 folgende Veränderungen:
– Wasser klar, ohne ...

Einen Erzähltext erschließen

Peter Stamm

Das schönste Mädchen

Nach fünf milden und sonnigen Tagen auf der Insel zogen Wolken auf.
In der Nacht regnete es, und am nächsten Morgen war es zehn Grad
kälter. Ich ging über den Rif, eine riesige Sandebene im Südwesten,
die nicht mehr Land und noch nicht Meer ist.

5 Ich konnte nicht sehen, wo das Wasser begann, aber es war mir, als
sähe ich die Krümmung der Erde. Manchmal kreuzte ich die Spur
eines anderen Wanderers. Weit und breit war kein Mensch zu sehen.
Nur hier und da lag ein Haufen Tang oder ragte ein schwarzer, vom
Meerwasser zerfressener Holzpfahl aus dem Boden. Irgendwo hatte

10 jemand mit bloßen Füßen ein Wort in den feuchten Sand gestampft.
Ich ging um die Schrift herum und las „ALIEN". In der Ferne hörte
ich das Fährschiff, das in einer halben Stunde anlegen würde. Es war
mir, als hörte ich das monotone Vibrieren mit meinem ganzen Körper.
Dann begann es zu regnen, leicht und unsichtbar, ein Sprühregen, der

15 sich wie eine Wolke um mich legte. Ich kehrte um und ging zurück.
Ich war der einzige Gast in der Pension. Wyb Jan saß mit Anneke,
seiner Freundin, in der Stube und trank Tee. Der Raum war voller
Schiffsmodelle. Wyb Jans Vater war Kapitän gewesen. Anneke fragte,
ob ich eine Tasse Tee mit ihnen trinken wolle. Ich erzählte ihnen von

20 der Schrift im Sand.
„Alien", sagte ich, „genauso habe ich mich gefühlt auf dem Rif. Fremd,
als habe die Erde mich abgestoßen."
Wyb Jan lachte und Anneke sagte: „Alien ist ein holländischer Frauen-
name. Alien Post ist das schönste Mädchen der Insel."

25 „Du bist das schönste Mädchen der Insel", sagte Wyb Jan zu Anneke
und küsste sie. Dann klopfte er mir auf die Schulter und sagte: „Bei
diesem Wetter ist es besser, zu Hause zu bleiben. Draußen verliert
man leicht den Verstand."
Er ging in die Küche, um eine Tasse Tee für mich zu holen. Als er

30 zurückkam, machte er Licht und sagte: „Ich werde dir einen Elektro-
ofen ins Zimmer stellen."
„Ich möchte wissen, wer das geschrieben hat", sagte Anneke. „Meinst
du, Alien hat endlich einen Freund gefunden?"

Tipp

Rif, der: Name einer
großen Sandbank an
der holländischen
Nordseeküste

1 a) Was bedeutet das englische Wort „alien"?
Schlage im Englischwörterbuch nach.

b) Was versteht man im Deutschen unter Alien?
Du kannst ein Wörterbuch benutzen.

2 Beantworte die folgenden Fragen,
indem du die passenden Sätze
aus dem Text herausschreibst.

• Was bedeutet „Alien" im
Holländischen?
• Wann schlägt das Wetter um?
• Was war Wyb Jans Vater von
Beruf?
• Was sagt der Erzähler darüber,
wie er sich draußen auf dem Rif
gefühlt hat?

3 Erkläre die Wörter, wie sie im Text gemeint sind.
Du kannst ein Wörterbuch verwenden.

anlegen / monoton / vibrieren

4 Erkläre die folgenden Formulierungen mit eigenen Worten.

aus dem Boden ragen / die Spur kreuzen / als habe die Erde mich
abgestoßen

5 Beantworte die Fragen in ganzen Sätzen.

Worauf beruht das Missverständnis des Erzählers, als er im Sand
das Wort „Alien" liest?
Warum könnte man Alien Post auch als „alien" bezeichnen?

6 Bearbeite Aufgabe a) oder b).

a) Schreibe über ein Erlebnis, bei dem eine Landschaft dich
begeistert hat.

b) Schreibe über ein Erlebnis, bei dem eine Landschaft dir Angst
eingejagt hat.

Einen Sachtext erschließen

Big Daddy
Big Brother und Co. (aus einer Schülerzeitung)

Seit Monaten sitzen Millionen Menschen jeden Tag
zur selben Zeit vor demselben Sender und sehen
sich dieselbe Sendung mit denselben Leuten an.
Noch nie hatten so viele Menschen so viel Interesse
5 an ein und derselben WG. Ist das eigene Leben zu
langweilig geworden? Oder ist es der pure Voyeurismus, der einen
dazu treibt, 24 Stunden am Tag die Belanglosigkeiten anderer Leute
abzuspannen? Vielleicht sieht man ja doch ganz kurz einen nackten
Kandidaten bzw. – da sie ja jetzt jeder kennt – einen nackten Promi-
10 nenten.

Jedenfalls habe ich in meinem Bekanntenkreis noch nie so viele
Gespräche und Diskussionen über ein und dasselbe Thema gehört:
Big Brother ...

Politik, Katastrophen, Kriege – alles zweitrangig. Die Ablenkung ist
15 perfekt. –

Was soll das Ganze?

In den letzten Jahrzehnten läuft alles immer mehr darauf hinaus, die
Bevölkerung zu kontrollieren. In fast jedem öffentlichen Raum ist eine
Kamera installiert. [...]

20 Man könnte nun darauf losspekulieren, dass Big Brother der große
Test ist, wie sich Menschen unter totaler Überwachung verhalten.
Ein Test – getarnt als Fernsehsendung zum Zeitvertreib: Wie lange
kann man Menschen total überwacht in einem Haus einsperren? Ist
es, von der Psyche eines Menschen her gesehen, überhaupt möglich,
25 ihn dauerhaft zu überwachen?

Spekulation Nummer zwei: Da die Sendung bestimmt nicht die
letzte dieser Art ist, wird bald nichts Aufregendes mehr daran sein,
beobachtet zu werden. Wenn dann eines Tages – oder bald schon –
überall eine Kamera hängt, ist das schon nichts Neues mehr, nichts,
30 was einen schockieren könnte, nichts, wogegen man sich wehren
sollte. Man hat sich unmerklich an die Überwachung gewöhnt.
„Das ist ja wie im Fernsehen – wie bei Big Brother eben!" Und du
fühlst dich wie ein Fernsehstar im Container und machst dir nebenbei
schon mal Gedanken, wer als Nächster rausfliegen soll ...

1 Schreibe Textstellen heraus, die zu den folgenden Aussagen passen.

Alle sprechen nur noch über Big Brother.
Die wirklich wichtigen Ereignisse sind in den Hintergrund getreten.
Man gewöhnt sich daran, überwacht zu werden.

2 Erkläre die Wörter, wie sie im Text gemeint sind.
Du kannst ein Wörterbuch verwenden.

Voyeurismus / prominent / spekulieren / Psyche

3 Erkläre die Formulierungen mit eigenen Worten.

Belanglosigkeiten anderer Leute
die Ablenkung ist perfekt
öffentlicher Raum

4 Wie beurteilt der Autor die Fernsehsendung „Big Brother"?
Entscheide dich und begründe mit Hilfe des Textes.

positiv / positiv und negativ / negativ

5 Der Autor vergleicht die Fernsehsendung in einem bestimmten
Punkt mit dem alltäglichen Leben. Benenne diesen Punkt.

6 Würdest du dich in einen Container einsperren und von einer
Fernsehkamera beobachten lassen?
Schreibe einen Brief an einen Fernsehsender, in dem du zu dieser
Frage Stellung nimmst.

(START) *Sehr geehrte Damen und Herren,*

...

*Schriftliche
Stellungnahme*
▶ S.21

97

Sachtexte zusammenfassen

Mit Sport durch die Freizeit zappen

Paul-Josef Raue

Zwei Drittel der Deutschen behaupten in einer Allensbach-Umfrage, regelmäßig Sport zu treiben. Warum sollen sie überhaupt einem Verein beitreten, 5 wenn sie in der Regel einfach ihren Spaß haben oder sich fit halten wollen? Da gehen er und sie in ein Fitnessstudio mit Teppichboden, Cafeteria und Sauna, lesen Fitnessjournale und 10 sind zufrieden. Die „Kameradschaft" im Verein, die die Alten so schätzten, vermissen sie nicht – oder genießen sie nur nach Bedarf. Der Kassierer des Handballvereins bezahlt auch seinen 15 Beitrag im kommerziellen Fitnessclub und radelt jeden Samstagmorgen mit dem Mountainbike einsam durch die Berge.

Er pendelt, wie viele andere, von der 20 Rolle des Vereinsmitglieds in die Rolle des Erlebnissportlers; er zappt durch seine Freizeit wie durch die Fernsehprogramme und bleibt dort hängen, wo er am meisten Spaß und Befriedi- 25 gung findet.

Vereine müssen sich auf die Bedürfnisse der Menschen einstellen, wenn sie überleben wollen, meint Claus-Rainer Groß vom Hamburger Turnerbund 30 von 1862, einem Verein mit über 1100 Mitgliedern – von denen aber ein Drittel die Beiträge einfach nicht bezahlt. Hauptamtliche Manager oder Übungsleiter werden sich nur Groß- 35 vereine leisten können. Zum Beispiel der TSG Bergedorf mit seinen 9000 Mitgliedern. Er kaufte eine ehemalige Soldaten-Sporthalle, baute sie um und eröffnete im Januar 1998 als erster 40 deutscher Verein ein eigenes Trendsport-Center mit Beach-Volleyball, Skate-Anlage und einer großen Kletterwand.

Davon träumen die meisten Vereine, 45 besonders im Osten, wo der Freizeitsport überhaupt nicht in Schwung kommt.

Nur jeder Zehnte ist Mitglied in einem Verein (im Westen ist es fast je- 50 der Dritte), die wenigen Sportplätze und Hallen sind in einem miserablen Zustand, die Kapazitäten reichen nicht aus. [...]

Offenbar ist die Zeit der organisier- 55 ten Jugendarbeit vorbei, sie wirkt nur noch wie „eine Art Bahnhofsmission für Minderjährige", spottet die Süddeutsche Zeitung. Dafür reizt die jungen Leute der Spaß mit den 60 Trends der Saison, Trends, für die sie bereit sind, viel Geld auszugeben. Aqua-Jogging könnte der nächste Hit heißen, vielleicht wird auch ein alter Sport trendy – mit neuem Namen: 65 Rescuing, das gute alte Rettungsschwimmen, das die TV-Serie „Baywatch" populär macht.

Nur – Trendsportarten wie Snake-Boarding (Skate-Boarding auf schlan- 70 genförmigen Brettern) oder Kangoo-Jumps (modernes Trampolinspringen) kommen und gehen.

Was bleibt, ist der Fußball: Rund die Hälfte aller Jugendlichen kickt weiter. 75 Aber lieber auf der Straße oder spontan im Park und immer weniger organisiert im Verein.

Tipp

Bahnhofsmission: kirchl. Verband zur Betreuung von Reisenden, besonders Kindern und Gebrechlichen, auf Bahnhöfen

1 Den Text verstehen

 a) Lies den Text und besprich mit deinem Partner, was ihr behalten habt.

 b) Benennt das Problem von Vereinen.

c) Kläre die Bedeutung der folgenden Fremdwörter im Text-zusammenhang.

kommerziell (Z. 15)   Kapazität (Z. 52)   miserabel (Z. 51)
populär (Z. 67)   spontan (Z. 75)

d) Warum verwendet der Autor das Wort „zappen"?

e) Notiere die im Text genannten Gründe, warum immer weniger Deutsche einem Sportverein beitreten, obwohl sie sich sport-lich betätigen wollen.

2 Den Text zusammenfassen

a) Fasse nun den Text mit Hilfe folgender Arbeitsschritte zusammen:

1. Markiere Wichtiges.	Verwende eine Kopie des Textes.
2. Gliedere den Text in Abschnitte.	Kennzeichne die Abschnitte durch Markierungen.
3. Fasse den Text abschnittweise zusammen.	Schreibe mit eigenen Worten. Schreibe pro Abschnitt nicht mehr als zwei Sätze.

b) Stelle der Zusammenfassung einen einleitenden Satz voran.

 Der Sachtext „Mit Sport durch die Freizeit zappen" von …
handelt von …

Überarbeite deinen Text.

3 Welcher der beiden folgenden Aussagen kannst du eher zustim-men?

• Der Text informiert über das Sportverhalten der Deutschen.
• Der Text appelliert dafür, einem Sportverein beizutreten.

Belege deine Entscheidung mit passenden Textstellen.

Einen Jugendbuch-Ausschnitt zusammenfassen

*So beginnt das Jugendbuch „Meine schöne Schwester"
von Brigitte Blobel:*

Es geschah auf dem Heimweg. Dana konnte sich später nicht einmal
mehr erinnern, welcher Tag es gewesen war. Mittwoch? Donnerstag?
Hatten sie Mathe oder Geo in der letzten Stunde gehabt?
War ja auch egal.

5 Woran sich Dana genau erinnern konnte, war, dass sie schlechte
Laune hatte, wegen irgendeiner Sache, die in der Schule passiert war.
Die Geschichte ging ihr nicht aus dem Kopf, und sie dachte noch
heftig darüber nach, als plötzlich dieser Junge neben ihr auftauchte. Er
bremste sein Rennrad haarscharf neben ihr und fuhr dann, auf einen

10 Meter Entfernung, an ihrer Seite. Da sie nicht sehr schnell ging, fuhr er
Schlangenlinien, umkreiste die Bäume, drehte ein paar Kurven, kam
anschließend aber immer wieder zu ihr zurück und schaute sie
unverwandt von der Seite an. So lange, bis sie ihn endlich zur Kenntnis nehmen musste.

15 Es war einer jener Tage mit einem Nieselregen, der alles durchnässte,
ohne dass man genau wusste, woher die Nässe eigentlich kam. Dana
trug ihre Schulbücher und Hefte wie immer mit einer Kordel zusam-
mengeknotet vor dem Bauch.

Dana erinnerte sich noch, dass sie das Chemiebuch, das Lilly ihr

20 geliehen hatte, ganz dicht an den Körper gepresst hielt, damit der
Umschlag ja nicht nass wurde. Lilly war immer so pedantisch mit
ihren Sachen. So pingelig, dachte Dana, die leiht mir nie wieder etwas,
wenn sie das Buch nicht genau so zurückbekommt, wie sie es mir
gegeben hat. Und dann habe ich keine Freundin mehr. Obwohl –

25 eine richtige Freundin konnte man Lilly eigentlich nicht nennen ...
Genau in diesem Augenblick beschloss sie, den Jungen mit seinem
stahlblauen Rennrad zur Kenntnis zu nehmen.
Und genau in diesem Augenblick sprach er sie an. „Hallo, Daniela!"
Dana warf ihm einen schrägen Blick unter der Hutkrempe zu, sagte

30 aber nichts.
„Daniela Stemmle, so heißt du doch, oder?" Er ließ nicht locker. Dana
presste die Lippen fest aufeinander und ging etwas schneller, aber für
den Jungen war das kein Problem, er brauchte nur ein winziges
bisschen mehr in die Pedale zu treten.

35 Dana schätzte ihn auf sechzehn, zehnte oder elfte Klasse. So um den

Dreh. Noch niemals hatte ein Junge aus der zehnten oder elften Klasse
sie angesprochen. Überhaupt, sie sprach ja sowieso niemand an, nicht
mal auf den Schulfesten. Dana hatte sich damit abgefunden, eine von
den Mädchen zu sein, die auf andere irgendwie durchsichtig wirkten.

40 Immer wurde sie angerempelt von Leuten, die so taten, als sei sie Luft,
die sie einfach beiseite schoben und dann auf jemand anderen zueil-
ten. Sie erwartete nicht einmal mehr eine Entschuldigung.
Sie fragte sich zuweilen nur, woran das eigentlich lag. Hatten in
diesem Leben tatsächlich nur hübsche Mädchen eine Chance?

45 War es das? Wurde man sozusagen bei der Geburt aussortiert, bloß
weil man ein bisschen dicker war als die anderen und nicht immerzu
mit diesem fröhlichen Ach-wie-heiter-ist-die-Welt-Gesicht herum-
lief?
Der Junge gehörte zu der Sorte der Langnasen. Eigentlich wirkte alles

50 an ihm etwas in die Länge gezogen, fand Dana. Seine Arme waren fast
schon unnatürlich lang, und die Brille rutschte auf der schmalen Nase
geradewegs abwärts. Ansonsten wirkte sein Gesicht irgendwie schief,
besonders wenn er lächelte.
So wie jetzt. „Sie nennen dich immer Dana, stimmt doch?", fragte er.

55 Dana räusperte sich. Sie musste sich immer räuspern, bevor sie zu
reden anfing. Das lag daran, dass sie oft lange Zeit überhaupt nichts
sagte und dann das Gefühl hatte, dass die Stimmbänder nicht richtig
schwingen könnten. Dabei funktionierten sie natürlich immer. Wieso
sollten sie auch nicht?

60 „Wenn du es sowieso schon weißt", sagte sie, „wieso fragst du dann?"
Er lachte, drehte eine Kurve, trat den Leerlauf und gesellte sich wieder
zu ihr. Das war auf der Heine-Allee, wo es diesen besonders breiten
Bürgersteig gibt, von Ulmen gesäumt, schöne alte Bäume, bis auf
zwei, die kürzlich gefällt worden waren. An ihrer Stelle standen jetzt

65 kümmerliche kleine Gewächse, aus denen irgendwann mal richtige
Ulmen werden sollten.
Der Typ drehte wieder einmal eine Ehrenrunde und kam zu Dana
zurück. Seine Haare waren inzwischen patschnass und klebten an
seinem Gesicht.

70 Dana konnte das nicht passieren, sie trug ihren Hut, einen Borsalino,
sozusagen ihr Erkennungszeichen. Sie hatte den schwarzen Schlapp-
hut auf dem Flohmarkt gekauft, für ein Spottgeld. Darunter, hatte sie
zu Hause gesagt, kann ich mein Gesicht immer so schön verstecken.
Und wenn ich auf der Straße jemanden sehe, den ich nicht sehen will,

75 brauche ich nur ein ganz kleines bisschen den Kopf zu senken, schon
bin ich unsichtbar.

„Du wohnst in dem großen alten Mietshaus am Rotkreuzplatz,
stimmt's? Da, wo unten die Wäscherei ist."

Dana nickte. Sie fragte sich, was das sollte. Wenn der Typ alles wusste,
80 wieso fragte er? Dennoch fand sie es mit der Zeit ganz lustig, wie er
neben ihr seine Runden drehte und jedes Mal, wenn er zurückkam, so
tat, als würde er sich vor ihr verbeugen. Vielleicht ist er sogar witzig,
dachte sie. Und dann dachte sie: Es gibt so wenig witzige Menschen,
die ich kenne. Eigentlich verkehre ich nur mit langweiligen Leuten.
85 Das liegt wohl daran, dass ich selber langweilig bin. Dann lernt man
eben einfach niemand anderen kennen.

„Ich heiße Thomas", sagte der Junge. „Thomas Bauer."

Dana hob die Schultern. „Na toll."

„Ich wohne genau auf der anderen Seite der Stadt, am Tucherberg."
90 Dana kannte den Tucherberg. Lilly, das Mädchen aus ihrer Klasse,
wohnte dort. Sie hatten einmal bei ihr zu Hause für eine Mathearbeit
geübt, da hatte Dana diesen Teil der Stadt kennen gelernt. Der
Tucherberg war eine schöne Gegend. Man hatte die Aussicht über
den Stadtpark mit seinem kleinen See. Im Sommer konnte man vom
95 Fenster aus die Segelboote beobachten. Oder Liebespaare in Ruder-
booten, die am See vermietet wurden.

„Tolle Gegend", sagte Dana.

„Na ja, so toll ist es auch nicht. Da gibt es Viertel, von denen hat man
einen Blick auf den See, aber ich sehe von meinem Zimmer aus nur
100 den Friedhof. Ich weiß immer, wenn jemand beerdigt wird. Dann
zähle ich die Kränze. Einfache Leute haben nie mehr als fünf, sechs.
Aber wenn jemand reich war oder zu den berühmten Familien der
Stadt gehörte, sind es so viele Kränze, dass sie sogar noch die Nach-
bargräber bedecken."
105 Dana blieb stehen. Sie schaute den Jungen an, der verlegen lächelte.

„Sag mal, warum erzählst du mir das eigentlich alles?"

Es gab eine Pause. Thomas wischte die nassen Haare mit dem
Jackenärmel aus der Stirn. Schöne Augen, dachte Dana plötzlich,
er hat schöne Augen.
110 „Tut mir Leid", sagte er, „das ist alles blöd, was ich sage. Dabei stimmt
es nicht mal."

„Was stimmt nicht?"

„Das mit dem Friedhof. Wir wohnen zwar in der Nähe, aber ich kann
ihn von meinem Zimmer aus überhaupt nicht sehen."
115 Komischer Kerl, dachte Dana.

„Was ich eigentlich meine", sagte Thomas, und plötzlich war seine
Stimme überhaupt nicht mehr so laut und fröhlich, er begann sogar

ein bisschen zu stottern, „was ich eigentlich fragen wollte: Du bist
doch die Schwester von Beate Stemmle, nicht wahr?"

120 Dana schloss einen Augenblick lang die Augen. Das hätte jetzt nicht
kommen dürfen, dachte sie. Das gerade nicht.

Sie öffnete die Augen wieder, und ihr Gesicht verriet überhaupt nichts,
als sie sagte: „Klar ist Beate meine Schwester. Wieso fragst du?"

„Weil ich ..." Er stockte. Jetzt wird er sogar noch rot, dachte sie. Und

125 das gab ihr im Innern einen richtigen Stich. „Weil ich die Beate zufällig
mal getroffen habe, auf einer Fete. Wir haben ein bisschen zusammen
geredet, das heißt, eigentlich stimmt das nicht ganz, die Beate war mit
einem anderen Jungen da, aber wir standen alle im Kreis und da ..."
Dana warf ihm einen eiskalten Blick zu.

130 „Da was?"

„Na ja, ich wollte nur sagen: Ich find deine Schwester unheimlich toll.
Zuerst hab ich es überhaupt nicht geglaubt, als ich gehört hab, dass du
ihre Schwester bist." Er lachte verlegen.

Dana fühlte, dass ihr Inneres erstarrte. Klar, so war es immer, ihre

135 schöne Schwester Beate! Ihre strahlende, himmlische Schwester, die
alle verzauberte. Nicht nur die Jungen! Überhaupt alle Leute, sogar
Omas und Tanten! Alle fanden Beate „so entzückend! So reizend! So
liebenswürdig! So charmant! Einfach unwiderstehlich!" Aber dass
jeder Junge, der sie einmal sah, sofort den Verstand verlor und ihr

140 Liebesgedichte auf hellblauem Briefpapier in die Schulbücher
schmuggelte, das fand Dana nun doch ein bisschen übertrieben.
Das ist, als hätten sie alle eine Krankheit, dachte sie manchmal.
Das Beate-Fieber hatte sie es einmal genannt. Alle wurden davon
angesteckt. Und nun also auch er. Thomas Bauer.

145 „Wenn du meine Schwester so toll findest, Thomas Bauer", sagte sie
betont gleichmütig, „wieso sagst du es ihr nicht selbst?"
Thomas wand sich. Er begann irgendetwas zu murmeln.
Dana unterbrach ihn schroff: „Besser noch: Schreib ihr ein Gedicht.
Eine Ode an Beate oder so ähnlich. Meine Schwester liebt Gedichte.

150 Sie sammelt sie. Sie bekommt jeden Tag mindestens drei."
Und nach diesem Satz, auf den sie wirklich stolz war, überquerte Dana
ohne Handzeichen einfach die Straße. Dass sie dabei beinahe vor den
Kühler eines Lieferwagens gerannt wäre, spielte für sie schon keine
Rolle mehr. Unter der Hutkrempe schielte sie nach einer Weile auf die

155 andere Straßenseite. Sie sah, dass Thomas ganz verwirrt immer noch
auf gleicher Höhe neben ihr herfuhr. Jetzt tut es ihm bestimmt Leid,
dachte sie, oder vielleicht auch nicht. Ist ja auch egal. Was geht er
mich an. Was geht mich Thomas Bauer an?

Tipp

Ode:
feierliches Gedicht

Entschlossen stapfte sie weiter. Sie trug knöchelhohe schwarze Leder-
160 schuhe und eine ganz weite graue Schlabberhose, ihre Lieblingshose.
Sie verdeckte ihren Babyspeck, und Dana konnte, wenn sie wollte,
darin wirklich große Schritte machen.
Als sie das nächste Mal auf die andere Straßenseite spähte, war
Thomas Bauer verschwunden.
165 Dana hob die Schultern, als machte ihr das nichts aus. Aber es machte
ihr doch etwas aus; es tat weh. Sie wusste nicht genau, wieso. So viele
Dinge taten ein bisschen weh. Jeden Tag passierten davon mindestens
zehn.
Na, zehn war vielleicht etwas übertrieben. Aber fünf. Fünf bestimmt.

1 Den Text verstehen

a) Lies den Text aufmerksam und kläre unbekannte Wörter.

b) Beantworte die folgenden Fragen:
   Warum spricht Thomas Dana an?
   Wie reagiert Dana darauf?

c) Erkläre die folgenden Wörter mit eigenen Worten.
   pedantisch (Z. 21)   pingelig (Z. 22)   Spottgeld (Z.72)
   Ehrenrunde (Z. 67)   schroff (Z. 148)

d) Was erfährst du über Dana? Belege deine Aussagen mit Textstellen.

e) Das Gespräch von Thomas und Dana nimmt eine – für Dana –
   unerwartete Wendung. Suche die Textstelle und begründe mit
   eigenen Worten.

f) Wie steht Dana zu ihrer Schwester Beate?
   Begründe deine Aussagen mit Hilfe von Textstellen.

g) Beurteilt das Verhalten von Dana gegenüber Thomas.
   Sprecht darüber in der Gruppe oder in der Klasse.

2 Den Text zusammenfassen

Tipp

Wähle ausreichend große Abschnitte, damit du danach den ganzen Text in wenigen Sätzen zusammenfassen kannst.

a) Unterteile den Text in Abschnitte. Ein neuer Abschnitt beginnt,
   wenn der Text eine neue Wendung nimmt, z. B. bei einem Ortswechsel, dem Auftreten einer weiteren Person oder einem
   Themenwechsel.

START   1.   Abschnitt: Zeile 1 – Zeile 25
        2.   Abschnitt: Zeile 26 – Zeile 54

b) Zeichne eine ausreichend große Tabelle in dein Heft (siehe unten).

c) Lies den Text noch einmal genau durch. Notiere Stichpunkte, die die Fragen beantworten. Ordne sie in deine Tabelle ein.

Abschnitt	Wo?	Wer?	Wann?	Was?	Warum?
Z. 1–25	auf dem Heimweg	Dana	nach dem Unterricht	schlechte Laune	...
Z. 26–54	Heine-Allee	Dana und Thomas	...	...	...

d) Kontrolliere, ob alle Notizen wichtig sind. Streiche weniger Wichtiges durch.

e) Fasse die Stichpunkte in Sätzen zusammen. Wandle dabei wörtliche Rede in indirekte Rede um. Verwende den Konjunktiv.

START Sie schaute den Jungen an, der verlegen lächelte. „Sag mal, warum erzählst du mir das eigentlich alles?"
(Z. 105–106)

Sie schaute den Jungen an und fragte, warum er ihr das alles erzähle.

f) Schreibe ein bis zwei Sätze zur Einleitung deiner Textzusammenfassung. Nenne dazu
  ● Verfasser,
  ● Buchtitel,
  ● Ort,
  ● Zeit,
  ● Personen
  und schreibe kurz, wovon der Text handelt.

Brigitte Blobel
Meine schöne Schwester

g) Überprüfe mit Hilfe des Merkzettels, ob du alles Wichtige berücksichtigt hast.

Grundwissen
▶ S. 194

Merke!

Texte zusammenfassen:
  ● nur das Wichtigste notieren
  ● richtige Reihenfolge beachten
  ● mit eigenen Worten schreiben
  ● im Präsens schreiben
  ● keine wörtliche Rede verwenden

Einen Unterrichtsgang protokollieren

1 Bei einer Erkundung gibt es vieles zu erfahren. Welche Möglichkeiten kennst du, Informationen für die Auswertung in der Schule zu sammeln?

2 a) Vergleiche die Protokolle zur Befragung von Biohof-Kunden. Nenne Vorteile und Nachteile der beiden Formen.

Befragte(r)	Marianne W. (36)
Wie oft kaufen Sie hier ein?	meistens einmal wöchentlich
Welche Produkte kaufen Sie?	vor allem Gemüse und Eier, manchmal Käse und Brot
Warum kaufen Sie hier ein?	schmeckt alles besser, möchte lieber Lebensmittel ohne Chemie
Wie weit ist für Sie der Weg hierher?	etwa 8 km

Befragte(r)	Helmut M. (24)
Wie oft kaufen Sie hier ein?	immer einmal im Monat
Welche Produkte kaufen Sie?	Wein und Käse
Warum kaufen Sie hier ein?	Qualität ist Spitze; Preise anständig
Wie weit ist für Sie der Weg hierher?	20 km; käme sonst öfter

		Marianne W. (36)	Helmut M. (24)
Häufigkeit	1x monatl.		x
	1x wöchentl.	x	
	öfter		
Produkte	Gemüse	x	
	Käse	x	x
	Eier	x	
	Brot	x	
	Wein		x
Weg		8 km	20 km
Gründe		Geschmack, keine Chemie	Qualität, Preise

b) Schreibe zu jedem der Befragten einen ausformulierten Text.

Gespräch mit dem Biobauern Max Reindl
Datum: 14. 11. 2005

Frage: Warum sind Sie Biobauer geworden?

Antwort: – schon als Kind Interesse an Landwirtschaft
– 1985 vom Onkel Hof (Mischbetrieb) übernommen
– veraltete Hofanlage, zu geringe Anbaufläche
– neue Idee Ende 80er Jahre (Biowelle)
– Spezialisierung auf Eier, Bio-Gemüse

Frage: Welche Veränderungen waren notwendig am Hof?

Antwort: – großer Auslauf ──→ Freilandhühner
– Stall-Umbau (vorher auch Schweine)
– Kunden gewinnen: Laden ──→ Direktverkauf

Frage: ~~Was verkaufen Sie in Ihrem Laden alles?~~
Sie verkaufen in Ihrem Laden nicht nur eigene Produkte,
warum?

Antwort: – bringt mehr Kundschaft
– Zusammenarbeit mit anderen Biobauern

3 a) Die Vorbereitung eines Protokollblattes
erleichtert das Mitschreiben.
Welche Vorarbeiten sind sinnvoll?

b) Eine der vorbereiteten Fragen wurde
während der Erkundung durchgestrichen
und ersetzt. Was könnte der Grund
dafür sein?

4 Schreibe mit Hilfe des Protokollblattes
einen ausformulierten Text.

(START) Erkundung des Biohofes „Griesmühle" am 14.11. 2005
Befragungsergebnis:
Biobauer Max Reindl hatte schon als Kind Interesse an ...

Protokoll zu ...

Datum: 14.11. ...

Zeit: 8.30 Uhr bis 11.00 Uhr

Ort: ...

Teilnehmer: alle 21 Schülerinnen und Schüler der Klasse 8b,
Lehrerin Frau Seidel, Praktikanten Frau Müller und
Herr Anderle

Ablauf: 1. Ankunft und Begrüßung:
Der Betriebsinhaber Max Reindl und seine Frau
begrüßten uns.

2. Einführungsgespräch:
Herr Reindl ... erzählte ... führte uns ... zeigte ...

3. Frühstückspause:
...

4. Gruppenarbeit:
Für die Gruppenarbeit wurden wir in zwei Gruppen
eingeteilt:
Gruppe A ...
Gruppe B ...
Beide Gruppen ...

5. Abschied und Abfahrt:
Zum Abschluss führten wir nochmals ein
Gespräch mit ...

5 a) Der Kopf des Protokolls
ist unvollständig,
schließe die Lücken.

b) An verschiedenen
Stellen fehlen Infor-
mationen, die du mit
Hilfe der Notizen
auf S. 107 ergänzen
kannst. Schreibe das
vollständige Protokoll
in dein Heft.

Arbeitsvorgänge beschreiben

1 a) Wähle einen Arbeitsvorgang aus, den
du während deines Praktikums ausgeführt hast. „Spiele" ihn in Gedanken
noch einmal durch.

b) Beschreibe den Vorgang im Telegrammstil, indem du für jeden Arbeitsschritt
ein Nomen und ein Verb im Infinitiv in
kleine Kästchen notierst.

c) Überprüfe, ob du keinen wichtigen
Arbeitsschritt vergessen hast.
Ergänze, wenn nötig, und nummeriere
die Arbeitsschritte durch.

d) Bei welchen Arbeitsschritten kannst
du Fachbegriffe für
  • Werkzeuge,
  • Materialien,
  • Tätigkeiten
  ergänzen?

(START) 1. Schraubenschlüssel, Maul-
schlüssel, Gabelschlüssel, …

…

10. Lösungsmittel …

e) Betone die Reihenfolge der Arbeitsschritte zusätzlich durch entsprechende
Adverbien:

(START) Zuerst …
Dann …
Danach …
…

Oft drückt man die Reihenfolge auch
dadurch aus, dass man sich auf den
Arbeitsschritt zuvor bezieht:

(START) Nach dem Schleifen …

f) Gestalte eine zusammenhängende Beschreibung des von dir
ausgewählten Arbeitsvorganges.

Werkzeug (Körner) richten

1

Körner schräg ansetzen

2

Körner zum Schlagen aufrichten

3

…

4

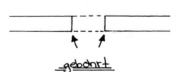

…

5

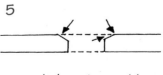

Tipp

Ist der Arbeits-
vorgang lang und
kompliziert, dann
gliedere ihn, indem
du eine erklärende
Skizze einfügst.

Merke!

Achtung:
Nomen aus Verben
im Infinitiv werden
großgeschrieben,
z. B.: das Schleifen.

Sachtexte und Schaubilder auswerten

1 Den Text überblicken, einen ersten Eindruck gewinnen

a) Aus dem „Kopf" des Zeitungstextes kannst du schließen, worum es geht. Schreibe in einem Satz auf, wovon der Text deiner Meinung nach handelt.

b) Was erfährst du durch das Schaubild?

c) Welche Informationen könnte der Text seinen Leserinnen und Lesern bieten? Notiere in einem Cluster, was du vermutest.

●●●●● Bieten per Mausklick ●●●● Volkssport Online-Auktionen ●●●●●

Der Hammer im Netz

Wissenswertes rund um die digitale Schnäppchenjagd

Von Horst Peter Wickel

Mit dem Bieten per Mausklick haben die deutschen Internet-Surfer einen neuen Volkssport entdeckt: Online-Auktionen boomen, inzwischen gibt
5 es mehr als 100 virtuelle Auktionshäuser. Bei Branchenführer Ebay waren Ende 2002 bereits über 6,5 Millionen Kunden registriert. Und zwischenzeitlich finden Interessenten auf den
10 Web-Marktplätzen alles, was man sich nur denken kann: vom Privatjet über Autos bis hin zu ausrangierten Computern und Omas alten Sammeltassen. Für Fans von Überraschungsei-
15 Figuren, Modelleisenbahn-Liebhaber und Freunde anderer exotischer Sammelleidenschaften gibt es bereits Spezialbörsen.

Die Regeln für das Versteigern und Er-
20 steigern im Netz sind einfach: Wer etwas verkaufen möchte, kann sich auf der Homepage des Auktionshauses per E-Mail mit Name, Adresse, Telefonnummer und einem Fantasienamen
25 anmelden. Wer ein Produkt anbieten möchte, sollte eine kurze Beschreibung und – wenn möglich – ein Foto in elektronischer Form liefern. Danach gilt es noch, die Kategorie, das Min-
30 destgebot und die Dauer der Auktion festzulegen.

Geduld gefragt

Und dann ist Geduld angesagt: Richtig in Bewegung gerät der Preis meist erst
35 wenige Stunden vor Ablauf der Frist. Bieter bei Auktionen können bei der Suche die Hilfe von Auktionsfindern in Anspruch nehmen, die bei allen Anbietern nach dem Objekt der Begierde
40 suchen. Und wer keine Lust hat, sich ständig darum zu kümmern, bei den laufenden Auktionen mit dem höchs-

ten Gebot vorn zu liegen, kann sich die Hilfe von Bietassistenten sichern, 45 die bei jedem neuen Höchstgebot mit einem neuen, höheren Angebot ins Rennen gehen. Wie bei allen Auktionen und Einkäufen sollten sich Interessenten auch im World Wide Web 50 vor Beginn der Shoppingtour Gedanken darüber machen, bis zu welchem Preis sie gehen möchten. Trickbetrüger, die künstlich die Preise für ihre eigenen Waren hochtreiben, sind bereits 55 aufgetaucht.

Den Zuschlag erhält derjenige, der bei Ablauf der Auktionszeit das höchste Gebot abgegeben hat. Er erhält vom Auktionshaus dann die Adresse des 60 Anbieters und kann sich mit ihm einigen, wie die Ware geliefert und bezahlt werden soll. Nach einem Urteil des Bundesgerichtshofs gilt die Auktion per Mausklick inzwischen als ganz 65 normales Verkaufsgeschäft.

Vor schwarzen Schafen, die defekte oder unvollständige Waren bei Auktionen verhökern wollen, kann man sich nur schwer schützen. Zwar nennen 70 nen einige schwarze Listen im Netz die Namen von Auktionsbetrügern. Doch Vorsicht ist bei der Übergabe der Ware und der Bezahlung in jedem Fall angebracht. Für Käufer gilt: Vorsicht bei Vor-75 kasse. Und als Anbieter sollte man die Ware vor Bezahlung möglichst nicht liefern. Die Anonymität des Internets, die Flüchtigkeit der elektronischen Informationen und die häufig große 80 räumliche Distanz zwischen Anbieter

Top Ten der Online-Käufe

So viel Prozent der Internetnutzer erwarben im Internet mindestens ein Mal

Bücher	31,1
Waren aus Auktionen	30,7
Reisen	24,8
Bahn- oder Flugtickets	24,0
Hotelzimmer	22,2
Theater- oder Konzertkarten	19,2
CDs	18,7
Kleider, Mode, Schuhe	13,8
Computerhardware	13,2
Videofilme, DVDs	12,2

© Globus

8842 Quelle: Allensbach 2003

und Käufer machen es schwer oder sogar unmöglich, berechtigte Ansprüche gegen säumige Zahler oder schlampige Lieferanten durchzusetzen.

85 **Treuhandservice nutzen**

Nachnahme ist die zwar teurere, in jedem Fall aber sicherere Lösung. Manche Auktionshäuser bieten Unterstützung durch ihren Treuhandservice. 90 Der Käufer überweist dabei die Kaufsumme auf das Treuhandkonto eines Finanzdienstleisters. Dieser leitet die Summe erst dann an den Versteigerer weiter, wenn der Eingang der Ware be-95 stätigt wurde. Dieser zusätzliche Service der Auktionshäuser kostet zwar einige Euro, aber die Ausgabe lohnt sich. ●●●●●

2 Den Text überfliegen

a) Überfliege den Text.

b) Schreibe drei Fragen auf, die du durch Nachlesen klären möchtest.

c) Überfliege den Text noch einmal. Achte dabei auf Textstellen, die zu deinen Fragen passen. Notiere Zeilenangaben.

Merke!

Überfliegendes Lesen: möglichst schnell lesen, ohne auf jedes einzelne Wort zu achten

3 Den Text genauer lesen

a) Lies noch einmal deine Notizen aus Aufgabe 1 und 2.
Überprüfe durch genaues Nachlesen, ob der Text tatsächlich
die erwarteten Informationen enthält.

b) Streiche in deinem Cluster, was der Text nicht klärt.
Ergänze Stichpunkte zu den Informationen, die der Text bietet.

c) Beantworte deine Fragen (Aufgabe 2 b) mit Hilfe des Textes.

4 Schwierige Begriffe klären

a) Ordne den Umschreibungen passende Begriffe aus dem Text
zu.

Fremdwort/Fachbegriff für „Versteigerung"

Fremdwort für „eine Gruppe mit gemeinsamen Merkmalen"

Fremdwort für „plötzlich großes Interesse finden"

Fachbegriff für „das Bezahlen im Voraus"

Fachbegriff für jemanden, der als Dienstleistung Geld
verwaltet und weiterleitet

b) Überprüfe, welche Begriffe dir nicht geläufig sind.
Schlage nach, wenn nötig.

c) Nicht so häufig gebrauchte Wörter sind manchmal schwer zu
verstehen, obwohl sie zum deutschen Wortschatz gehören.
Suche zwei solcher Wörter heraus. Versuche, ihre Bedeutung
aus dem Zusammenhang zu erklären.

d) In dem Text steht der Begriff „Treuhandservice".
Was verbindest du im Alltag mit dem Begriff „Service"?
Im Lexikon findest du:

Treuhänder = jmd., dem etwas „zu treuen Händen" übertragen
wird

Umschreibe mit eigenen Worten, was mit dem Begriff „Treuhandservice" gemeint sein könnte.

Merke!

Bei Fremdwörtern
oder anderen unbe-
kannten Begriffen
solltest du
- auf den Zusam-
  menhang achten,
- dein Vorwissen
  prüfen,
- nachschlagen.

5 Das Textverständnis überprüfen

a) Schreibe fünf Fragen auf, die man nur durch genaues Nachlesen im Text beantworten kann.

b) Tausche deine Fragen mit einem Lernpartner/einer Lernpartnerin aus und beantwortet sie euch gegenseitig. Belegt eure Antworten jeweils mit einer passenden Textstelle.

6 Das Schaubild auswerten

Inhalte von Sachtexten werden häufig durch Schaubilder und Diagramme veranschaulicht.

a) Welche Informationen des Textes werden durch das Schaubild von S. 111 unterstützt?

b) Beschreibe das Schaubild und werte es aus. Halte dich dabei an die Schritte der Checkliste.

Checkliste: Ein Schaubild auswerten

Beim Lesen eines Schaubildes kannst du ähnlich vorgehen wie beim Lesen eines Textes:

1. Sich einen Überblick verschaffen
- Was zeigt die Abbildung?
- Was verrät die Überschrift?

2. Genau nachlesen
- Auf welche Angaben oder Aussagen bezieht sich die Legende?
- Bezieht sich die Darstellung auf eine Entwicklung oder auf einen bestimmten Sachverhalt?
- Welche Zahlenwerte (Prozentangaben oder absolute Zahlen) sind verwendet worden?
- Worauf weist der Begleittext (falls vorhanden) hin?

3. Unverstandenes klären
- Musst du Begriffe nachschlagen?
- Ist die Abbildung klar verständlich?
- Welche Fragen bleiben offen?

4. Kerninformationen entnehmen
- Welche Einzelaussagen kann man anhand der Zahlenwerte machen?
- Welche allgemeinen Aussagen kann man anhand der Informationen aus dem Schaubild machen?

Tipp

Legende: Erklärung der verwendeten Zeichen in Karten oder Abbildungen

Kurzreferate vorbereiten

Fragen zum Thema klären

Nach verdeckt eingeleiteten Telefonabhöraktionen, Beschattungen und Videoaufzeichnungen hat die Staatsanwaltschaft Padua in Italien Ermittlungen gegen 60 Radprofis aufgenommen. Ihnen werden Verletzungen des Anti-Doping-Gesetzes, illegaler Import
5 von Medikamenten sowie Hehlerei vorgeworfen. Zu den Hauptverdächtigen gehört der zweifache Gewinner des Giro d'Italia Ivan Gotti.

Der weißrussische Eishockey-Nationalspieler Wasily Pankov vom DEL-Klub Augsburger Panther steht unter Dopingverdacht. Der Stürmer ist bei den Olympischen Winterspielen in Salt Lake City im Spiel um Platz drei gegen Russland (2:7) positiv auf
5 Nadrolon getestet worden. Pankov wurde von seinem Klub sofort suspendiert.

Die schon Ende August 2001 des Dopings mit Furosemid überführte Gymnastik-Weltmeisterin Irina Tschaschtschina (Russland) ist nun zum zweiten Mal erwischt worden. Bei den Weltmeisterschaften im Oktober wurde bei ihr erneut das gewichts-
5 reduzierende Dopingmittel analysiert. Das positive Ergebnis der A- und B-Probe teilte der Internationale Turnverband (FIG) mit.

Tipp

suspendieren=
jemanden aus seiner
Funktion / seinem Amt
entfernen

1 a) Welche Informationen zum Thema „Doping" enthalten die Zeitungsmeldungen?

b) Worüber möchtest du mehr erfahren? Notiere Fragen.

(START) Welche körperlichen Folgen kann Doping haben?

Doping –
nicht nur im Spitzensport ein Problem

Doping ist nicht nur ein Problem des Spitzensports, sondern hat auch seit längerem den Freizeit- und Fitness-Sektor erreicht. Wenn
5 es zutrifft, dass etwa ein Fünftel aller erwachsenen Besucher von Fitness- und Bodybuilding-Studios Medikamentenmissbrauch mit Anabolika betreiben, dann
10 kann man nach aktuellen Hochrechnungen in Deutschland unter den 2 Millionen männlichen Studiobesuchern mit mehr als 200 000 Männern rechnen, die
15 Anabolika missbrauchen.

Was stiftet nun vorwiegend junge Männer zwischen 20 und 30 Jahren dazu an, sich mit Hilfe gesundheitsgefährdender Präpara-
20 te einen „idealen Körper" aufzubauen? Wesentliche Gründe sind der „Aufbau von Muskelmasse", „Kraft- und Leistungssteigerung", „Ausprobieren" und „Fettab-
25 bau".

Nicht zu übersehen ist dabei auch, dass unkontrolliertes Doping suchtähnliche Formen annehmen kann. Dies gefährdet
30 nicht nur massiv die physische und psychische Gesundheit, sondern auch das soziale Wohl von jungen Menschen.

Die Vermutung, dass junge Men-
35 schen in einem Studio-Milieu, in dem sich „User" aufhalten, wahrscheinlich eher bereit sind, Anabolika oder Wachstumshormone nicht nur auszuprobieren,
40 sondern auch zu missbrauchen, liegt nahe. Zumal es in der Szene offensichtlich nicht schwierig ist, an die Substanzen zu kommen. Zum großen Teil gelangen
45 die Präparate als illegale Importe auf den Schwarzmarkt. Nicht selten werden sie aber auch von Ärzten verordnet und in Apotheken bezogen.

Tipp

Anabolika= muskelaufbauende Medikamente

physisch= körperlich

psychisch= seelisch

Substanz= Stoff

Präparat= (Arznei-)Mittel

2 a) Warum werden im Freizeitbereich immer mehr Anabolika benutzt?

  b) Welche Folgen werden genannt?

3 a) Welche deiner Fragen (Aufgabe 1) beantwortet der Text?

  b) Zu welchen Fragen musst du weitere Informationen einholen?

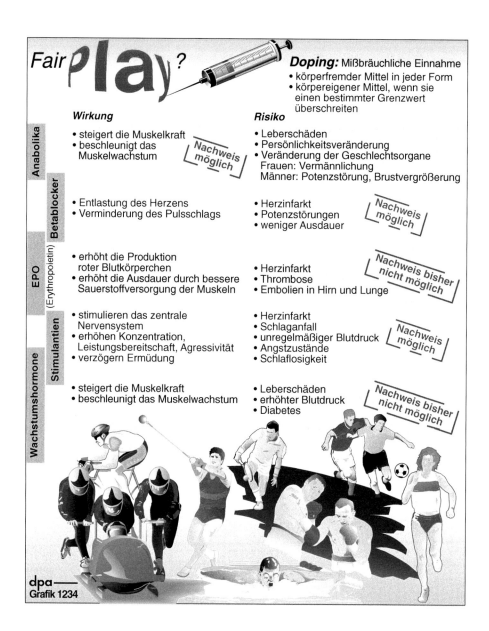

4 a) Welche Informationen zum Thema „Doping" enthält das Schaubild?

b) Warum werden die Informationen in einem Schaubild gezeigt? Nenne Vorteile.

5 a) Wähle nun drei bis fünf Fragen aus, die du zum Thema Doping in deinem Referat klären möchtest.

b) Nutze zu ihrer Beantwortung das vorliegende Material und beschaffe dir weitere Informationen, z. B. im Internet unter „dopinginfo.de".

Eine Gliederung anfertigen

Dein Kurzreferat sollte sich in drei Teile gliedern:

Einleitung: Interesse wecken, Thema nennen
Hauptteil: Ausgewählte Fragen zum Thema klären
    1. Was ...?
    2. Warum ...?
    ...
Schluss: persönliche Meinung zum Thema, Fragen der Mitschüler

6 Ordne zunächst deine Fragen zum Thema für den **Hauptteil**.
Begründe deine gewählte Reihenfolge.

7 Der **Einstieg** soll das
Interesse der Zuhöre-
rinnen und Zuhörer we-
cken und in das Thema
einführen.
Überlege dir einen
Einstieg mit der
Karikatur von rechts.

Tipp
Möglichkeiten für
einen Einstieg:
• Bild, Karikatur
• Zeitungsmeldung
• Frage
• Zitat
• Schaubild

8 Welche Einstellung zum Doping hast du **zum Schluss** durch deine
gesammelten Informationen gewonnen?

    a) Mit welchen Aussagen stimmst du überein? Begründe.

    b) Formuliere deine persönliche Meinung zum Thema.

Doping ist doch bloß eine Randerscheinung im Hochleistungssport.
Das wird alles nur durch die Presse hochgespielt.

Wenn man an sich selbst und seine Fähigkeiten glaubt,
dann braucht man sich nicht zu dopen.

Schon Kinder müssen lernen, Regeln im Sport einzuhalten
und zu achten. Gedopte Sportler sind da keine Vorbilder.

Jeder ist für seinen Körper selbst verantwortlich.

9 Schreibe deine Gliederung vollständig auf.

Den Vortrag üben

10 Erstelle zum Vortragen Karteikarten.
Notiere Stichpunkte und nummeriere die Karten.

11 Übt den Vortrag in der Gruppe.

a) Klärt, worauf die Zuschauer achten sollen.
Die folgenden Aussagen können euch helfen.

Tipp

Feed-back (engl.):
Reaktion aus dem
Publikum

b) Gebt dem Redner/der Rednerin ein Feed-back:
Was hat euch gut gefallen? Welche Tipps gebt ihr?

12 a) Lies die folgenden Aussagen von Rednerinnen und Rednern
nach ihrem Kurzreferat.
Was stört dich bei einem Vortrag an den Zuhörern?

b) Stellt einige Regeln für Zuhörerinnen und Zuhörer auf.

START

– niemand wird ausgelacht

Checkliste Kurzreferat

13 Erarbeitet in der Klasse eine Checkliste zum Vorbereiten und Üben von Kurzreferaten. Betrachtet dazu die Checkliste von unten.

a) Welche Kriterien sind unwichtig?
Welche müssen unbedingt ergänzt werden?

b) Stellt eure Checkliste zusammen.

Kriterien	Muss noch besser werden	Kann so bleiben
Kleidung		
Mimik, Gestik		
Medieneinsatz		
Pausen		
Lautstärke		
Verständlichkeit		
Betonung		
Freier Vortrag		
Schlusswort		
Spaß		
Spannung		
Informationsgehalt		
…		

14 Erstellt für eure Mitschülerinnen und Mitschüler ein Informationsblatt, auf dem ihr festhaltet, was man bei der Vorbereitung und dem Halten eines Kurzreferates alles beachten muss. Gestaltet das Blatt übersichtlich mit dem PC.

Texte überarbeiten

Tipps zur Textüberarbeitung

✎ **1** a) Setze die Überarbeitung der Beispielsätze fort.
Achte dabei auf die jeweiligen Tipps.

1. Manche Wiederholungen in deinem Text kannst du vermeiden, indem du Sätze sinnvoll verbindest. Oft genügt es auch schon, die Satzteile umzustellen, damit der Text interessanter klingt.

Die Hauptaufgabe des Bürgermeisters ist das Verwalten der Gemeinde. [Der Bürgermeister]³ [muss]² [Entscheidungen]⁴ [gemeinsam mit dem Gemeinderat]¹ treffen, ~~Der Bürgermeister und der Gemeinderat entscheiden~~ z. B. ~~gemeinsam~~ darüber, ob ein Grundstück bebaut werden darf.

2. Achte darauf, dass du die richtige Zeitform und Personalform der Verben verwendest.

3. Zu lange oder verschachtelte Sätze machen deinen Text unverständlich. Bilde kürzere und einfachere Sätze.

Ich finde das Verhalten der Mutter falsch, denn wenn die Tochter den ganzen Tag herumhängt, wird sie irgendwann vor Langeweile eingehen, // ~~da~~ Da die Mutter das Treffen mit der Clique verbietet, und sie verliert den Anschluss zu den anderen // durch das Verhalten der Mutter, also wird Manuela leicht zur Außenseiterin.

b) Prüfe nun auch diese Textteile aus Praktikumsberichten und überarbeite sie.

- Am ersten Tag durfte ich nur zuschauen. Der Geselle kommt gar nicht dazu, mir etwas zu erklären.
- Der Meister zeigt mir das Lager. Er führt mich in die Maschinenräume. Ich lerne den Produktionsablauf kennen.
- Wir erstellen gemeinsam einen Tagesbericht. Wir befragen die Lehrlinge. Wir notieren uns die Antworten.
- Ich folgte dem Meister in den Verkaufsraum, wo er mir seine Frau vorstellte, die dort für die Buchführung zuständig ist, weil sie nämlich eine entsprechende Ausbildung gemacht hat, die sie jetzt sehr gut gebrauchen kann.

Textlupe

1 Prüft die Textlupe und ergänzt und/oder verändert sie.

Merkmale	voll erfüllt	mit einigen Fehlern	muss vollständig überarbeitet werden
Inhalt			
• Eine Überschrift, die neugierig macht?			
• Korrekte Reihenfolge der Gedanken/ Geschehnisse?			
• Genaue und vollständige Informationen zu den W-Fragen?			
• …			
Sprache			
• Vollständige Sätze?			
• Sinnvolle Satz- verknüpfungen?			
• Treffende Verben und Adjektive?			
• …			

> **Tipp**
>
> Anregungen, um die Textlupe zu erweitern oder zu verändern, geben zum Beispiel die Tipps auf Seite 120.

2 Überarbeite den Textausschnitt mit Hilfe der Textlupe.

Die Tierarzthelferin

Man macht eine Ausbildung von drei Jahren. Wer den Beruf erlernen will, braucht einen guten Abschluss, Interesse am Beruf und Liebe zu Tieren. Auch die Noten in Biologie und Chemie sind wichtig. Die Arbeit, die Tierarzthelferinnen machen, ist abwechslungsreich. Du darfst keine Tierhaarallergie haben. Da solltest du vorher eine Untersuchung machen lassen. Tierarzthelferinnen arbeiten meist in Praxen für Kleintiere. Dort machen sie z. B. Termine, sind bei Operationen dabei und helfen. Sie machen Bestrahlungen und Untersuchungen im Labor. Sie reinigen die Instrumente sauber und sie machen auch Büroarbeiten …

Argumente eindeutig formulieren

1 Beim schriftlichen Argumentieren solltest du deine Gedanken klar formulieren und die Sätze sinnvoll verbinden.

a) Es gibt unterschiedliche Gründe für oder gegen das Rauchen:
- Ich fühle mich mit einer Zigarette männlicher.
- Ich will fit für meinen Sport sein.
- Ich will keinen Ärger mit meinen Eltern haben.

b) Diese Aussagen kannst du durch sprachliche Mittel noch stärker betonen. Prüfe die folgenden Satzmuster: Welches eignet sich besser für die Begründung?

Satzreihe	Ich greife oft zur Zigarette, ich will mich männlich fühlen.
Satzgefüge	Ich greife oft zur Zigarette, weil ich mich männlich fühlen will.
Satzglied im Hauptsatz	Wegen des Wunsches, mich männlich zu fühlen, greife ich oft zur Zigarette.

c) Probiere die Satzbaumuster an den anderen Beispielen aus.

2 Deine Meinung ist gefragt!

In den letzten 15 Jahren sind aber auch Marktstrategien entworfen worden, um junge Frauen an die Droge Zigarette zu binden. Der Ruf
5 des Rauchens als Appetithemmer, als Hungerbremse und Diäthilfe ist immer noch aktuell. Um den Traum vom Schlanksein zu verwirklichen, würden viele Mädchen noch we-
10 sentlich höhere Risiken eingehen als das des Rauchens. Zigaretten gelten bei vielen Raucherinnen als akzeptabler Weg zur Gewichtsbeeinflussung. Sie greifen zur Zigaret-
15 te, um das Essen zu vermeiden oder hinauszuzögern. Ein zweifelhafter Weg, denn bereits ca. zwanzig Minuten nach dem letzten Zug sinkt der Nikotinspiegel deutlich ab und
20 der Hunger kehrt zurück.

a) Wo im Text werden die folgenden Behauptungen aufgestellt?
- Werbung beeinflusst das Verhalten der Mädchen.
- Mädchen riskieren ihre Gesundheit.
- Rauchen stillt nicht den Hunger.

b) Stütze diese Behauptungen durch gute Begründungen. Schreibe dazu einen kurzen Text. Wähle als Satzmuster Satzgefüge und Satzglied im Hauptsatz für deine Begründungen (vgl. Aufgabe 1).

Tipp
Marktstrategie= geplante Vorgehensweise für die Vermarktung

Tipp
Ihr könnt auch Gruppen bilden und gegenseitig eure Texte unter die Lupe nehmen.

3 Zeitungstexte kannst du nutzen, um Begründungen für deine Stellungnahme zu finden. Formulierungen wie die folgenden findest du oft in Zeitungen.

<u>Durch den Besitz eines Autos</u> kann man eher auf dem Land leben und in der Stadt arbeiten.

a) Formuliere im Folgenden Satzglieder zu Nebensätzen um. Damit kannst du die Begründung in deiner Stellungnahme noch deutlicher machen.

Merke!

Ein Nebensatz wird durch **Komma(s)** vom Hauptsatz abgetrennt.

START <u>*Wenn man ein Auto besitzt*</u>*, kann man eher auf dem Land leben und in der Stadt arbeiten.*

Für einen Verzicht der Menschen auf das Auto müssten die öffentlichen Verkehrsmittel attraktiv ausgebaut werden.

Damit die Menschen ...,

Durch die Verbannung der Autos aus dem Zentrum werden unsere Städte wieder bewohnbarer und menschlicher.

Wenn die Autos ...,

Trotz der Entwicklung vom Fahrzeug zum „Stehzeug" ist die Faszination des Autos ungebrochen.

Obwohl sich das Fahrzeug ...,

Durch die Verlegung des Güterfernverkehrs auf die Schiene könnten die Autobahnen stark entlastet werden.

Indem ...,

Zur Verkehrsberuhigung in Wohngebieten werden Straßen durch Bäume und Blumenkübel verengt.

Damit der Verkehr ...,

Wegen der Entwicklung immer kleinerer und sparsamerer Autos wird das Autofahren für viele wieder attraktiver.

Da immer ...,

Erst nach der Entwicklung von alternativen Autos wie Solar-Fahrzeugen ist die Automobilindustrie wirklich zukunftsorientiert.

Erst wenn ...,

b) Vertausche probeweise Haupt- und Nebensatz. Welche Formulierung klingt deiner Meinung nach jeweils besser?

START **Man kann *eher auf dem Land leben und in der Stadt arbeiten*, wenn man ein Auto besitzt.**

Richtig schreiben

Fehlerschwerpunkte erkennen, Rechtschreibstrategien festigen

Lösungshilfen anwenden

Die Hose – das umstrittene Kleidungsstück

 Am 14. März 1911 hatte Linz an der Donau einen Skandal: Eine Dame erschien, wie die „Linzer Tagespost" berichtete, in einem Hosenrock aus
5 *Schwarzem/schwarzem* Samt auf dem *Haupt-Platz/Hauptplatz* der Stadt und *spazierte/spatzierte* über die Straße. Durch ihr *sonderbares/ sonderbahres Aussehen/aussehen*
10 aufmerksam gemacht, sammelten sich bald *neugierige/Neugierige* um sie und einige besonders *erboste/ ehrboste* Bürger *vergrifen/vergriffen* sich an der Dame und *zerissen/ zerrissen* ihr den Mantel und den Hosenrock.

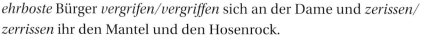

 15 *Schließlich/Schliesslich* musste sie in ein *Delickatessengeschäft/Delika-tessengeschäft* flüchten. Vor dem Hause sammelte sich eine gewaltige *Menschen Menge/Menschenmenge* an. Der Trambahnverkehr erlitt eine Stockung. Als die Dame um halb 10 Uhr *abends/Abends* in *Beglei-tung/begleitung* eines Offiziers das Geschäft *ferlassen/verlassen* wollte,
20 wurde sie von der noch immer wartenden Menge *vervolkt/verfolgt* und musste in ein Haus flüchten. Damen, die Hosen trugen, waren der Modeskandal des Jahres 1911: Von „Hexen" schrieb die *führende/ fürende* Modezeitschrift der Stadt. Man war überzeugt, *das/dass* keine deutsche Frau Hosen *akzeptieren/akzeptiren* würde.

 1 Entscheide jeweils, welche Schreibweise richtig ist.
Vergleiche deine Lösung mit den Lösungshilfen auf Seite 125 und verbessere, wenn nötig.

Lösungen
▶ nach den Text- und Bildquellen

Individuelle Fehler erkennen, Lösungshilfen anwenden

Lösungshilfen

A
- Adjektiv ──→ kleingeschrieben
- zusammengesetztes Wort
- Merkwort: kein Spatz
- Nachsilbe -bar
- Nomen: Artikel kann ergänzt werden (das)
- Nomen: Begleitwort viele, ...
- Vorsilbe er-
- Vokal kurz ──→ Doppelkonsonant
- Vorsilbe zer-

B
- ß nach langem Vokal
- Fremdwort ──→ kein ck
- zusammengesetztes Wort
- Zeitangabe ein Wort mit -s ──→ kleingeschrieben
- Nomen: Nachsilbe -ung
- Vorsilbe ver-
- Wortbedeutung folgen (kein Volk)
- Dehnungs-h im Wortstamm
- Konjunktion ──→ dass
- häufig bei Fremdwörtern: -ieren

 2 a) Übertrage die Tabelle in dein Heft und ordne die Wörter nach Rechtschreibbereichen. Schreibe zu jedem Wort auch eine Lösungshilfe auf. Nutze dazu die Lösungshilfen.

Bereich	richtige Schreibweise	Lösungshilfe
Großschreibung	ihr Aussehen	das Aussehen (Nomen)
...	...	...

b) Suche im Text weitere Wortbeispiele zu den einzelnen Bereichen und ordne sie ebenso ein.

Tipp

Rechtschreib-
bereiche:
- Kleinschreibung
- Getrennt-/ Zusammenschrei-bung
- Konsonanten-verdopplung
- s-Laut
- Dehnung (-h, ie)
- Vorsilbe/Nachsilbe
- Fremdwort
- Wortbedeutung

3 a) Schreibt den folgenden Textabschnitt als Partnerdiktat.

Noch 1960 wurde in der Zeitschrift „Twen" debattiert, ob Frauen
Hosen tragen sollten. Das fiel schon mit der Verbreitung der Jeans
zusammen, die wie kein anderes Kleidungsstück die moderne Welt
bewegt und auch das Interesse der Modeforscher geweckt hat.

5 Jeans – was nichts anderes bedeutet als Hosen nach der Art der
Genueser Hafenarbeiter – waren Arbeitshosen: unverwüstlich,
praktisch, billig. Gefärbt wurde der Stoff mit blauem Indigo.

Jeans wurden von Anfang an zum äußeren Zeichen von vielerlei
Mythen und Protestbewegungen der modernen Kultur: der Jugend-
10 revolte der 50er Jahre, der Hippie- und Studentenbewegung der 60er
und der Frauenbewegung der 70er Jahre. Der Mythos der Freiheit des
Wilden Westens verknüpfte sich mit der Freiheit der Freizeitgesell-
schaft. Auch heutzutage sind manche Leute noch der Meinung, dass
Jeans eine Einstellung sind und keine Hosen.

b) Korrigiere den Text deines Partners/deiner Partnerin.

c) Ordne deine eigenen Fehler in die Tabelle aus Aufgabe 2 ein.
Überprüfe, in welchen Bereichen du öfter Fehler machst.

4 a) Aus deinen Fehlern kannst du lernen.
Je nach Fehlerart sind unterschiedliche Übungsformen sinnvoll.
Welche Übungen passen am besten zu den folgenden Fehlern?
Probiere die Übungsformen aus.

Fehler	Übung
geferbt	Wörter mit dem gleichen Wortbaustein sammeln
einstellung	Verwandte Wörter (Wortfamilie) aufschreiben
billich	Das Wort mit unterschiedlichen Begleitwörtern aufschreiben
Zeichnen	
heut zu Tage	Das Wort in Silben zerlegen
Zusamen	
Mytos	Wörter mit dem gleichen Laut/der gleichen Buchstabenkombination sammeln
viel	
Interese	Das Wort verlängern
Wilden Westens	
freiheit	Das Wort in mehreren Sätzen verwenden

b) Wähle zehn Wörter aus, die du falsch geschrieben hast oder
deren Schreibweise du schwierig findest.

Fastnacht

Die so genannte fünfte Jahreszeit – regional unterschiedlich als Karneval, Fastnacht oder Fasching bezeichnet – beginnt seit dem 19. Jahrhundert traditionsgemäß am 11. 11. um 11.11 Uhr. Dieses Datum fällt
mit dem Anfang der Fastenzeit vor Weihnachten zusammen. Außer-
5 dem galt die Zahl Elf seit dem Mittelalter als unheilige Zahl.

Das Wort Karneval kommt aus dem Lateinischen; „carne vale" heißt
so viel wie: „Fleisch, lebe wohl". Dagegen stammen die Wörter
Fastnacht und Fasching aus dem Mittelhochdeutschen. Sie bedeuten
so viel wie „nächtlicher Unfug aus Vorfreude auf den kommenden
10 Frühling".

In vorchristlicher Zeit galt Fastnacht als Vorfrühlings- und Fruchtbar-
keitsfest, mit dem der Winter und die Angst der Menschen vor Hunger,
Kälte und Krankheiten vertrieben wurden. Die Kirche hatte wenig
Erfolg in ihrem Kampf gegen diese heidnische Sitte. Es gelang ihr aber,
15 den Aschermittwoch als Schlusspunkt des närrischen Treibens festzulegen. An diesem Tag ließ man sich als Zeichen der Buße ein Asche-
kreuz aufs Haupt streuen.

Der Fasching, wie wir ihn heute feiern, erinnert nur noch wenig an die
ursprüngliche Tradition. Die Medien prägen das aktuelle Bild der
20 Fastnacht, aber einige regionale Besonderheiten halten sich.

5 Wähle einen Textabschnitt aus und untersuche ihn auf Rechtschreibschwierigkeiten.

a) Suche dazu nach den folgenden Stichpunkten jeweils drei Wortbeispiele.

Nomen ohne Begleitwort   zusammengesetzte Nomen

Wörter mit Doppelkonsonanten   Fremdwörter

Wörter mit Dehnungs-h (-h- hört man nicht)

(START) *Nomen ohne Begleitwort: Karneval, …*

b) Notiere die Nomen, bei denen zwischen Begleitwort und Nomen
noch ein anderes Wort oder mehrere Wörter geschoben sind.
Verbinde Begleitwort und Nomen mit einem Pfeil.

die so genannte fünfte Jahreszeit

Übungsformen trainieren

1 Um welche Übungsform handelt es sich?
Ordne den abgebildeten Karteikarten die passende Überschrift zu.

- Verwandte Wörter (Wortfamilie)
- Wörter mit dem gleichen Wortbaustein
- Das Wort mit unterschiedlichen Begleitwörtern
- Wörter mit dem gleichen Laut/der gleichen Buchstaben-
  kombination

schnappen
klappen, tappen, pappen
ein Lappen, die Kappe, die Mappe
ein Schlappen, das Wappen

aller Art
dieser Art, jeder Art
eine Art, keine Art
deine Art, seine Art, meine Art

bewerten
werten, abwerten, verwerten
der Wert, die Bewertung
wertvoll, wertlos, Wertsache

entdecken
entweichen, entkommen, ent-
gehen
Entdeckung, Entwarnung
entlang, entgegen

das Begräbnis
das Verhältnis, ein Geheimnis
im Gefängnis, das Wagnis
dieses Ereignis, die Erkenntnis

alles Gute
nichts Gutes, wenig Gutes
allerlei Gutes, etwas Gutes
das Gute

2 a) Suche die Fehlerwörter in diesem Text.
Schreibe diese Wörter richtig auf.

Jedes Jahr finden an den Schulen Wetbewerbe zu unter-
schiedlichsten Themen statt. Oft winken tolle Preise,
sodas sich das mitmachen wirklich lohnt. Wer teil
nehmen will, muss allerdings auch etwas tun. Schlieslich
bekommt mann die Preise nicht geschenkt.

b) Bei einigen dieser Fehler ist es am sinnvollsten, das
entsprechende Wort in mehreren Sätzen auszuprobieren.
Begründe!
Schreibe mit jedem dieser Wörter einige Sätze auf.

c) Wähle auch für die anderen Fehler eine passende Übungsform.

Schreibregeln von einem Beispiel ableiten

stundenlang	⟶	minutenlang, tagelang, wochenlang, …
auffällig	⟶	auf-fallen, auf-fliegen, auf-fordern, …
probeweise	⟶	versuchsweise, klugerweise, …
computergesteuert	⟶	maschinengesteuert, radargesteuert, …
allzu häufig	⟶	allzu gerne, allzu oft, …
Arbeiterinnen	⟶	Sängerin – Sängerinnen, …

1 a) Schreibe die Übungsreihen ab. Markiere die Gemeinsamkeit bei der Schreibweise und ergänze eigene Beispiele.

   b) Formuliere zu jeder Gruppe eine für dich verständliche Regel oder Merkhilfe.

2 Suche auch zu den folgenden Wörtern passende Beispiele.

europaweit	-weit		**aussetzen**	aus-
handgestrickt	hand-		**kindgemäß**	-gemäß
innerhalb	-halb		**Erlebnisse**	-nis, -nisse
tausendjährig	-jährig		**abends**	-s

3 In dem Text stecken sieben Schreibfehler. Zu jedem Fehler findest du ein ähnliches Wortbeispiel in der Wortliste am Rand.

   a) Ordne zu und schreibe Fehlerwort und Beispielwort in der richtigen Schreibweise nebeneinander.

   b) Ergänze jeweils ein eigenes Beispiel.

Viele Jugendliche wünschen sich einen Nebenjob, um ihre Einahmen aufzubessern. Mancher versucht sich Spaßes halber als „Tiersitter" und erlebt dabei sein blaues Wunder. Die Beaufsichtigung eines übermütigen Jungtieres kann den unsicheren Betreuer eben so überfordern wie der Umgang mit eigen willigen erwachsenen Tieren. Diese haben oft merkwürdige gewohnheiten und sind desshalb schwer lenkbar. Wer sich auf so etwas einläßt, sollte unbedingt praktische Erfahrungen im Umgang mit Tieren haben.

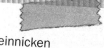

einnicken
umständehalber
genauso
eigenständig
Sicherheit
deswegen
verlassen – verlässt

4 Stelle solche Ähnlichkeitsreihen zu deinen eigenen Fehlerwörtern zusammen.

Lösungen
▶ **nach den Text-
und Bildquellen**

129

Nomen an Begleitwörtern erkennen

Dummer Esel? Irrtum!

Viele leute reden vom „dummen Esel", ohne sich etwas dabei zu
denken. Aber unter den huftieren schneiden Esel beim intelligenztest
oft am besten ab. Esel auf der Weide testen mit ihren barthaaren, ob
der elektrische zaun angeschaltet ist. Pferde oder kühe lassen sich erst
5   durch Stromschläge belehren. Kein Esel betritt einen unsicheren weg,
ohne vorher nachzudenken, wie er ihn bewältigen kann. Über eine
schmale brücke geht er nur, wenn es sein treiber ihm vormacht.
„Folge einer Ziege und du wirst in den Abgrund stürzen, folge einem
Esel und er führt dich in dein Dorf", lautet ein Spanisches sprichwort.
10 Ihren unverdienten ruf als dummes Tier haben Esel vermutlich wegen
ihrer sturheit bekommen. Aber genau diese sturheit ist ein Beweis
ihrer intelligenz. Denn wenn Esel stur und störrisch sind, haben sie in
der Regel einen grund. Eine Geschichte erzählt, dass einmal ein Pack-
esel nicht über einen Schmalen pfad gehen wollte. Sein treiber zog ihn
15 am Zügel ein paar Schritte weiter und schrie plötzlich auf. Eine Giftige
kobra, die auf dem Pfad lag, hatte ihn gebissen.

1 In dem Text wurden einundzwanzig Fehler bei der Groß- und Kleinschreibung gemacht.
Suche die Fehlerwörter und schreibe diese Wörter richtig auf.

2 Ordne die Nomen aus dem Text richtig geschrieben in die Tabelle
ein. Schreibe die Begleitwörter dazu.

bestimmter/ unbestimmter Artikel	verschmolzener Artikel	gedachter Artikel (ohne Artikel)	Pronomen	unbestimmtes Zahlwort
den Huftieren	beim (bei dem) Intelligenztest	Kühe (die Kühe)	mit ihren Barthaaren	viele Esel

3 Oft stehen zwischen Begleitwort und Nomen noch andere Wörter:

der elektrische Zaun

Schreibe Beispiele aus dem Text ebenso auf.

Hamburger, weil „ham" (Schinken) verarbeitet ist? Irrtum!

Viele Engländer und Amerikaner, aber auch Schnellimbissbesucher
bei uns glauben, ein Hamburger habe seinen Namen vom englischen
Wort „ham" abgeleitet.
Wahr ist, dass der Hamburger etwas mit der deutschen Großstadt
5 Hamburg zu tun hat. Und das kam so: Schon im 14. Jahrhundert
haben die Tataren zähes Fleisch ihrer Steppenrinder klein gehackt,
um es genießbar zu machen. Diese Zubereitungsart wurde auch im
westlichen Europa bekannt und kam mit den Auswanderern von
Hamburg nach Amerika. Gehacktes klemmten diese Auswanderer
10 dort zwischen die beiden Seiten eines aufgeschnittenen Brötchens –
wohl um Besteck zu sparen.
Zur Weltausstellung 1904 in St. Louis wurden erstmals solche Hack-
fleischbrötchen als Hamburg verkauft. Schon bald wurde aus dem
Hamburg ein Hamburger. Dieser Name ist heute international, aber
15 nur wenige kennen seinen Ursprung.

Tipp
Tataren:
Volksstamm aus
der Mongolei

1 a) Schreibe den Text ab.

b) Unterstreiche die Nomen ohne Begleitwörter.
Schreibe diese Nomen auf und ergänze sie
durch passende Artikel.

 die Schnellimbissbesucher

2 a) Unterstreiche die Nomen mit Begleitwörtern. Schreibe diese
Nomen mit allen Begleitwörtern untereinander auf.

 vom englischen Wort

b) Streiche die zusätzlich eingeschobenen Wörter durch.
Überlege, welche anderen/weiteren Wörter an dieser Stelle
stehen könnten. Schreibe deine Ideen daneben.

 vom ~~englischen~~ Wort
vom oft verwendeten Wort

3 Probiere das Einsetzen von verschiedenen Begleitwörtern aus und
füge wie im Beispiel weitere Wörter ein.

*Erlebnis, ein Erlebnis, ein tolles Erlebnis, ein unglaublich tolles
Erlebnis*

Verantwortung   Arbeit   Dunkelheit   Kraft   Gebiet

Aus Adjektiven werden Nomen

Rote Autos fallen am stärksten ins Auge? Denkste!

Die ▨▨▨▨ (sicherste) Autofarbe ist das ▨▨▨▨ (mintgrün). Diese
Farbe wird im ▨▨▨▨ (dunkel) am besten wahrgenommen, da sie
das Auge reizt und so die ▨▨▨▨ (größte) Reflexion erzeugt. Das
beliebte ▨▨▨▨ (rot) ist dagegen im Dämmerlicht weit schlechter
5 zu erkennen. Es sackt bis ins ▨▨▨▨ (braun) ab und hebt sich kaum
noch von der Umwelt ab. Selbst ein ▨▨▨▨ (violett) oder ▨▨▨▨
(gelb) sieht man im ▨▨▨▨ (dunkel) besser. Ungünstig ist in der
Dunkelheit auch eine ▨▨▨▨ (schwarze) Lackierung. Beim Autokauf
spielen aber meist auch viel ▨▨▨▨ (technisch) und viel ▨▨▨▨
10 (praktisch) eine ▨▨▨▨ (wichtig) Rolle.

1 Schreibe den Text vollständig auf.

(START) Die sicherste Autofarbe ist das Mintgrün.

2 Unterstreiche die Lückenwörter, die Nomen sind, mit ihren
Begleitwörtern und ordne sie in die Tabelle ein:

(START) bestimmter Artikel	unbestimmter Artikel	verschmolzener Artikel	gedachter Artikel (ohne Artikel)	unbestimmtes Zahlwort
das Mintgrün	ein …	im …	…	viel …

3 a) Dabei spielen viele praktische Dinge eine Rolle.
Dabei spielt viel Praktisches eine Rolle.

Woran kannst du erkennen, welches Wort ein Nomen ist?
Schreibe die Sätze ab und markiere Nomen und Begleitwort
farbig.

b) Groß oder klein? Schreibe die Sätze richtig auf.

Es gibt derzeit auf dem Markt noch wenig NEUES.
Erst im Frühjahr kam ein NEUES MODELL auf den Markt.
Die Firma entwickelte eine BRAUCHBARE TECHNISCHE NEUE-
RUNG.
Für manche Kunden ist alles TECHNISCHE sehr wichtig.
Andere wiederum wollen wenig TECHNISCHE INFORMATIONEN,
sie achten nur aufs OPTISCHE.

Indianer haben rote Haut – noch ein Irrtum!

Als die ersten europäischen Siedler nach Nordamerika kamen, nann-
ten sie die Ureinwohner nicht Rothäute, sondern Indianer oder Wilde.
Die Naturforscher im 18. Jahrhundert, die sie auf die Schnelle und
ohne etwas Beweisbares in der Hand zu haben als die Roten bezeich-
5 neten, haben übersehen, dass das leichte Rot der Gesichtsfarbe allein
der Schminke zu verdanken war, mit der sie sich einzureiben pflegten.
Die natürliche Hautfarbe der Indianer ist ein blasses Braun.
Leider ist unser Bild von den Indianern – z. B. durch Filme – noch
heute von so viel Falschem und Unsinnigem bestimmt. Dabei gäbe es
10 viel Interessantes und Bedeutendes bei ihnen zu entdecken.

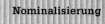

1 a) Die Wörter der Wortliste werden im Text als Nomen gebraucht.
Ordne diese Nomen nach ihren Begleitwörtern.

wild
schnell
beweisbar
rot
braun
falsch
unsinnig
interessant
groß
bedeutend

START bestimmter Artikel	unbestimmter Artikel	gedachter Artikel (ohne Artikel)	unbestimmtes Zahlwort
...	...	Wilde	...

b) Stelle Wortpaare gegenüber, die deutlich machen, welche
Wörter Nomen sind.

ohne beweisbare Erkenntnisse – ohne Beweisbares

↓   ↓

Nomen   Nomen

2 a) Verkürze die folgenden Sätze so, dass aus den Adjektiven
Nomen werden.

Heute stehen wenig positive Nachrichten in der Zeitung.

START   **Heute steht wenig Positives in der Zeitung.**

Er erinnert sich an manch aufregendes Erlebnis.
Sie hat sich nur spannende Stellen herausgesucht.
Die Sendung brachte kaum interessante Erkenntnisse.

lieb
überflüssig
neu
schlecht
sauer
schön
fehlerhaft
erfreulich
brauchbar

b) Wandle die Wörter der Wortliste in Nomen um und bilde Sätze.
Unterstreiche das Begleitwort oder schreibe es als „gedachtes"
Begleitwort in Klammern dazu.

START   **Er hat etwas Neues gekauft.**   **Er kauft oft (etwas) Neues.**

Aus Verben werden Nomen

Affen haben viele Läuse – Irrtum!

Anders als viele Zoobesucher glauben, hat das gegenseitige Lausen der Affen nichts mit dem Suchen nach Läusen im Fell der Artgenossen zu tun. Bei genauerem Hinsehen hat man entdeckt, dass es dabei vor allem um das Entfernen abgestorbener Hautreste und Salzkrusten

5 geht, die beim Schwitzen entstehen. Das Lausen hat aber noch eine andere Funktion. Es dient dem Einüben und Trainieren eines solidarischen Verhaltens. Das heißt, Affen lausen sich, um sich aneinander zu gewöhnen. Besonders die Schimpansen haben dieses „Pflegen" zu einer großen Perfektion getrieben. Außerdem sind sie Meister im

10 Nachahmen und Erlernen von Dressurstückchen. Deshalb greift man beim Filmen immer wieder gerne auf sie zurück. Sie bringen Zuschauer schnell zum Schmunzeln und Lachen.

1 Schreibe die vierzehn Nomen, die aus Verben entstanden sind, mit ihren Begleitwörtern heraus.

2 a) Ergänze den Wortstern durch weitere sinnvolle Begleitwörter.

b) Wähle weitere Beispiele aus dem Text aus und bilde ebensolche Wortsterne.

... beim das ... Lausen ... ...

Ein gekochtes Ei passt durch einen engen Flaschenhals?
Was glaubst du?

Niemals, denn die Luft in der Flasche drückt gegen das Ei, sie verhindert so das Hineinschieben. Durch festes Drücken zerbricht das Ei. Oder doch? Probieren geht über Studieren, heißt es richtig in einer Redewendung.

5 Erwärme die Luft in der Flasche. Dies kannst du durch das Hineinwerfen eines brennenden Streichholzes erreichen.
Drücke dann das hart gekochte und gepellte Ei direkt auf die Öffnung und warte.
Beim Warten darfst du nicht ungeduldig werden. Beim Abkühlen der

10 Luft entsteht ein Unterdruck, der saugt das Ei unbeschädigt durch den Flaschenhals.

3 a) Schreibe den Text von Seite 134 ab und unterstreiche die Nomen, die aus Verben entstanden sind.

b) Schreibe diese Nomen mit Begleitwörtern auf. Ergänze einen Artikel in Klammern, wenn er nicht dabeisteht.

 das Einschieben, (das) Drücken

4 Aus Stellenanzeigen:

Sie haben Spaß am Organisieren
und am eigenständigen Arbeiten?

**Ihr Aufgabengebiet umfasst das Aufbauen
von Messeständen und das Beschriften
von Werbeanlagen.**

**Das Beraten und Betreuen von Kunden sind Ihre Aufgaben,
sicheres Auftreten und gute Umgangsformen sind Voraussetzung.**

Zu Ihrem Aufgabengebiet gehören das Reinigen,
Waschen und Polieren unserer Fahrzeuge und Geräte.

Wir suchen Aushilfen zum Be- und Entladen.

Wir erwarten selbstständiges Arbeiten und technisches Verständnis.

a) In den Stellenanzeigen findest du viele als Nomen gebrauchte Verben. Bilde damit Sätze wie in folgendem Beispiel:

 Spaß am Organisieren   Das Organisieren macht mir Spaß.
Ich organisiere gerne.

b) Suche weitere verwandte Nomen. Verwende sie in Sätzen.

 organisieren – die Organisation, aufbauen – der Aufbau ...

Endungen für die Groß- und Kleinschreibung nutzen

ENT	BE	HIN	KEIT	LOS
AB	VOR	**HALT**	UNG	LICH
ER	AUF	**HÄLT**	NIS	EN
VER	AN	UN	BAR	SAM

Tipp

Auch folgende
Endungen sind
Signale für die
Großschreibung:
-heit
-schaft
-tum
-ei
-in

1 a) Bilde Wörter mit den Bausteinen und ordne sie in die richtige
Tabellenspalte ein.

Wörter, die mit -en enden	Wörter, die mit -ung, -nis, -keit, -er enden	Wörter, die mit -los, -bar, -sam, -lich enden
abhalten	der Behälter	unaufhaltsam
…	…	…

b) Um welche Wortarten handelt es sich? Formuliere eine Regel
zur Groß- und Kleinschreibung.

2 Bilde auch mit den Wortstämmen BAU und TRAG eine möglichst
große Wortfamilie. Unterstreiche die Endungen, an denen du
erkennen kannst, ob das Wort groß- oder kleingeschrieben wird.

3 Wörter-Duell: Schreibt in die Mitte eines leeren Blattes einen
Wortstamm, z. B.: ZIEH, FORM oder FAHR.
Nun muss jeder – immer abwechselnd – ein Wort aus der Wortfamilie dazuschreiben. Verloren hat derjenige, dem zuerst nichts
mehr einfällt.

4 a) Ordne die Wörter nach Endungen. Wie kannst du dir merken,
welche Wörter groß- und welche kleingeschrieben werden?

Eigentum	spazieren	servieren
kindisch	mutig	Eigenschaft
Wahrheit	Reichtum	kantig
Bäckerei	kräftig	marschieren
praktisch	wellig	Gesellschaft
Trägheit	rasieren	Malerei

b) Schreibe weitere Beispielwörter mit diesen Endungen auf.

Test +++ Test +++ Test +++ Test +++ Test +++ Test +++ Test ++

Groß- und Kleinschreibung

1 a) Lies den Text und entscheide bei den Wortgruppen mit GROSS-
BUCHSTABEN, welche Wörter groß- und welche kleingeschrieben
werden.

Noch vor 80 Jahren wurden PRO SAISON 290000 Helgo-
länder Hummer gefangen. Dagegen finden die Fischer
IN IHREN FANGKÖRBEN heutzutage nur noch EIN PAAR
HUNDERT EXEMPLARE pro Jahr. Rund um die Nord-
5 seeinsel Helgoland sollen deshalb Hummer IN SO GROS-
SER ANZAHL angesiedelt werden, dass DAS FANGEN DER
BEGEHRTEN DELIKATESSE sich so wie früher lohnt.
DIESE IDEE IST NICHTS UNGEWÖHNLICHES, aber DAS
EHRGEIZIGE VORHABEN droht zu scheitern. Schuld ist
10 der Treibhauseffekt DURCH DEN WELTWEITEN AUS-
STOSS VON KOHLENDIOXID.
DIE ZUNEHMENDE ERDERWÄRMUNG sorgt für milde
Winter in der Nordsee. BEI ZU HOHEN TEMPERATUREN
schlüpfen die Hummerlarven ZU FRÜH IM JAHR aus dem
15 Ei. Die Sonne hat aber NOCH NICHT GENÜGEND KRAFT,
um das Wasser dauerhaft auf die für die Hummerlarven
und IHRE MIKROSKOPISCH KLEINE BEUTE ideale
Temperatur von 16 Grad zu erwärmen. Die Larven
SCHWIMMEN NACH DEM SCHLÜPFEN zu lange ergeb-
20 nislos herum und FINDEN KEINE NAHRUNG. Stattdessen
werden sie selbst ZUR LEICHTEN BEUTE VON FISCHEN.

b) Schreibe die Wortgruppen in der richtigen Schreibweise auf.
Unterstreiche die Nomen, die aus Verben oder Adjektiven
entstanden sind.

2 Entscheide, welche Schreibweise richtig ist, und schreibe die Sätze
richtig auf.

Du solltest das ganze/Ganze Ausbildungsangebot kennen lernen.
Der Weltraum wird sich ins unendliche/Unendliche ausdehnen.
Er wollte sich, ohne nachzudenken, in die tiefe/Tiefe stürzen.
Wir müssen zuerst ein neues/Neues Gerät ausprobieren.
Auf dem Flohmarkt gibt es viel interessantes/Interessantes.
Manche Käfer können im dunkeln/Dunkeln leuchten.

Lösungen
▶ nach den Text-
und Bildquellen

Zusammensetzungen mit Bindestrich

U-Boot S-Bahn Kfz-Werkstatt km-Zahl UN-Soldat Ich-AG

EU-Staaten i-Punkt T-Shirt x-beliebig n-Eck O-Beine

Dehnungs-h A4-Blatt 100-prozentig 15-jährig 7,5-Tonner

6-Zylinder 90er-Jahre 55-Cent-Briefmarke 2-kg-Dose

Formel-1-Rennwagen 1000-m-Lauf Magen-Darm-Verstimmung

Mund-zu-Mund-Beatmung Nord-Süd-Konflikt Dr.-Luppe-Platz

Frage-und-Antwort-Spiel Gustav-Heinemann-Brücke

Sankt-Lorenz-Kirche

1 Ordne die Zusammensetzungen mit Bindestrich.

mit einer Abkürzung:	mit Einzelbuchstaben und/oder Zahlen:
UKW-Sender –	X-Beine
(Ultrakurzwellensender)	3-silbig

Aneinanderreihung mehrerer Wörter:
Ost-West-Verbindung

Tipp

Manche Zusammen-
setzungen können
mehrfach zugeordnet
werden.

2 Suche in einer Tageszeitung weitere Beispiele für Schreibweisen
mit Bindestrich.

3 a) Auch in diesen Überschriften kommt jeweils ein Bindestrich vor.
Wofür steht er?

Im Solnhofener Steinbruch auf Mineral- und Fossiliensuche

Verleihung des Kinder- und Jugendliteraturpreises

Hinweise für den Bus- und Bahnverkehr an den Feiertagen

Sonderangebot Balkon- und Gartenmöbel

Start der Haus- und Straßensammlung

b) Schreibe die Beispiele aus den Zeitungsüberschriften ebenso auf:

Mineral- und Fossiliensuche – Mineralsuche und Fossiliensuche

c) Bilde Sätze mit den folgenden Wortgruppen:

ein- und aussteigen, drei- oder mehrfach, be- und entladen
zwei- oder dreiteilig, hin- und herschieben, auf- und zumachen

Schreibung von Eigennamen

1 Was ist gemeint?
Schreibe die Lösungen auf.

2 Überlege dir, wie die Regel lauten muss. Schreibe sie mit eigenen Worten auf. Vergleiche deine Lösung mit der deines Partners/ deiner Partnerin.
Einigt euch auf eine gut verständliche Formulierung.

Es gibt viele chinesische Bauwerke, aber die Chinesische Mauer ist einmalig.

Es gibt viele große Bären, aber das Sternbild Großer Bär gibt es nur einmal.

Es gibt viele neue Bücher, aber nur ein Neues Testament.

3 Entscheide, ob es sich um einen Eigennamen handelt, und schreibe die Beispiele in der richtigen Schreibweise auf.

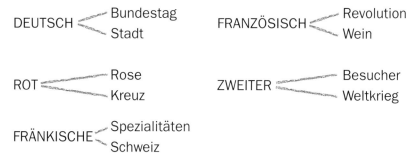

DEUTSCH — Bundestag / Stadt

ROT — Rose / Kreuz

FRÄNKISCHE — Spezialitäten / Schweiz

FRANZÖSISCH — Revolution / Wein

ZWEITER — Besucher / Weltkrieg

4 Schreibe die Angebote in der richtigen Schreibweise auf.

RUNDFAHRTEN IM HAMBURGER HAFEN
SKITOUREN IN DEN BAYERISCHEN WALD
ZUGREISEN ZUM NÜRNBERGER CHRISTKINDLESMARKT
AUSFLÜGE ZU DEN OBERBAYERISCHEN SEEN
GRUPPENREISEN ZU DEN ÄGYPTISCHEN PYRAMIDEN
FLUGREISEN INS AMERIKANISCHE SPIELERPARADIES LAS VEGAS
SAFARIS IN AFRIKANISCHEN NATIONALPARKS
BESICHTIGUNG DES ZWEITEN DEUTSCHEN FERNSEHENS
ÜBERLEBENSTRAINING IM BRASILIANISCHEN URWALD

Merke!

Eigennamen:
* Personennamen, z. B. Karl der Große
* Städte-, Länder-, Flüssenamen, Landschaftsnamen, z. B.: Fränkische Schweiz
* Namen von Organisationen, Einrichtungen, z. B.: Zweites Deutsches Fernsehen
* Namen von festen Ereignissen, z. B.: Tag der Deutschen Einheit

Lernen an Stationen: Fremdwörter

Station 1: Fremdwörter herauslösen

Mit JOBLAB Alternativen finden

Kostenlose CD-ROM will Mädchen Berufswahl erleichtern

Besonders in der Informations- und Telekommunikationstechnik liegen für Frauen gute Zukunftschancen.

5 Mit Hilfe eines Computerprogramms mit dem Namen JOBLAB sollen künftig jungen Mädchen moderne Berufe auf mutimedialem Weg vorgestellt

10 werden.

Das Programm wird an 11 000 Schulen in allen Regionen der Bundesrepublik verteilt. Es kann auch kostenlos über

15 Fax, E-Mail oder Internet angefordert werden. Gerade die neuen Berufe ermöglichen es Frauen, die Interessen von Familie und Beruf durch flexible

20 Arbeitskonditionen optimal zu kombinieren. JOBLAB will nun Schüle-

rinnen bei der Entscheidung für den richtigen Zukunfts-
25 beruf helfen. Das Programm simuliert unterschiedliche Berufs- und Lebenssituationen. Die Userinnen können somit verschiedene Alternativen
30 durchspielen und Vor- und Nachteile abwägen.
Auf diese Art und Weise können sich Interessierte kreativ und spielerisch über Berufe in-
35 formieren und mehr über Ausbildungsberufe mit Zukunft erfahren.
Ziel ist es, Mädchen noch stärker für technische Berufe zu
40 interessieren. Denn speziell in Ingenieur-, Telekommunikations- und Medienberufen fehlen nach wie vor ausgebildete Fachkräfte ...

Lösungen
▶ nach den Text- und Bildquellen

Tipp

Informationen:
www.joblab.de
oder
Bildungswerk der Hessischen Wirtschaft e.V.
- Forschungsstelle -
Emil-von-Behring-Straße 4
60439 Frankfurt am Main

1 a) Schreibe die Fremdwörter dieses Zeitungsartikels untereinander auf.

b) Unterstreiche die Fremdwörter, die du häufig gebrauchst.

c) Schlage die Bedeutung der Fremdwörter nach, die dir unbekannt sind.

Station 2: Fremdwörter aus dem Berufsleben suchen

A ...   I nvestition   Q ualitätsprüfung
B ...   J ...   R ...
C ...   K ...   S ...
D uplikat   L imit   T urbine
E ...   M otor   U ser
F irma   N ...   V ...
G arantie   O ...   W ...
H ...   P ...   Z ...

1 a) Übernimm das Fremdwort-Abc in dein Heft und ergänze es.
       b) Zu einigen Nomen lassen sich Verben auf -ieren bilden.
          garantieren

       c) Ergänze weitere zehn Fremdwort-Verben auf -ieren.
       d) Kontrolliere die Verben mit dem Wörterbuch.

Wortliste 1
der Friseur
die Dompteurin
der Souffleur
der Masseur
die Chauffeurin
die Kontrolleurin
der Spediteur
die Regisseurin

Station 3: Ableitungen bilden

1 a) Aus einigen Verben auf -ieren lassen sich Berufsbezeich-
          nungen mit der Nachsilbe -eur oder -eurin ableiten.
          Schreibe mit Hilfe von Wortliste 1 Wortpaare auf.
          jonglieren – die Jongleurin
       b) Ergänze acht Berufsbezeichnungen mit -eur oder -eurin.

Wortliste 2
das Prinzip
die Finanzen
das Interesse
die Nation
die Toleranz
die Saison
die Region
die Diagonale
die Funktion
die Kooperation
die Industrie

Station 4: Adjektive aus Nomen ableiten

   a) Wähle drei Fremdwörter aus Wortliste 2 aus und erkläre
      die Bedeutungen. Wenn du nicht sicher bist, schlage nach.
   b) Leite aus den Nomen der Wortliste 2 Adjektive ab und ordne sie
      nach den Nachsilben.

-iell	-ant	-al	...
prinzipiell	...	...	kooperativ

   c) Ergänze je fünf weitere Fremdwortbeispiele.
   d) Schlage nach. Wie schreibt man die Adjektive, die sich aus den
      Nomen „Substanz" und „Existenz" ableiten lassen?

Merke!

Adjektive schreibt
man klein.

Station 5: Nachschlagen und verstehen

a) Was bedeuten die Abkürzungen und Erklärungen?
   Ordne sie richtig zu.

Note|book ['noːtbʊk], das;
-s, -s (engl.) (Personalcom-
puter im Buchformat)

Artikel
Herkunft
Bedeutung
Aussprache
Genitiv/Wessen-Fall
Plural

b) Beschrifte Wortkarten mit den Fremdwörtern der Wortliste.

c) Notiere auf der Rückseite die notwendigen Angaben.

Konzern

Aussprache:
Artikel: *der*
Genitiv:
Plural:
Herkunft:
Bedeutung:

Station 5:
Export
Import
Konzern
Transport

Station 6: Ein Wort – mehrere Bedeutungen

Sta|ti|on, die; -, -en (lat.): 1.a) [kleiner] Bahnhof; b) Haltestelle (eines
öffentlichen Verkehrsmittels); c) Halt, Aufenthalt, Rast.
2. Bereich, Krankenhausabteilung. 3. Ort, an dem sich eine technische Anlage befindet. Sende-, Beobachtungsstelle. 4. Stelle, an der
bei einer Prozession Halt gemacht wird.

a) Welche Bedeutungen hat das Fremdwort?

b) Welche Bedeutung des Fremdwortes passt hier jeweils?
   Mache die Ersatzprobe mit den Wörtern der Wortlisten.

Sie wollen in München **Station** machen.
Er wurde auf **Station** 3 des Krankenhauses gebracht.

Der Meister hat den ganzen Ablauf unter **Kontrolle**.
Er ist für die **Kontrolle** der Maschinen zuständig.

Das Fass hat eine **Kapazität** von 1000 Litern.
Die **Kapazität** der Frühschicht ist erschöpft.

Wortliste 1
die Abteilung
der Halt, die Rast

Wortliste 2
die Überprüfung
die Herrschaft
im Griff

Wortliste 3
das Fassungs-
vermögen
das Leistungs-
vermögen

Station 7: Fremdwörter in Stellenanzeigen

Das Donnersberger Krankenhaus ist ein modernes und ein nach kooperativem Führungsstil geführtes Krankenhausunternehmen mit Krankenhäusern in Kirchheimbolanden und Rockenhausen.

Wir suchen zum nächstmöglichen Zeitpunkt

eine/n qualifizierte/n Arzthelfer/in

für die Neustrukturierung einer zentralen Patientenaufnahme
im Krankenhaus Rockenhausen. Zu den Aufgabengebieten
gehören u. a. administrative und pflegerische Aufgaben, Schreibarbeiten,
Pflege der Gerätschaften des Bereiches, Begleitung der Patienten.

Verfahrensmechaniker m/w
Fachrichtung Kunststoff- und Kautschuktechnik
(Voraussetzung: guter Hauptschulabschluss)

Das Geheimnis unseres Erfolges? Hohes technisches Know-how, der
Mut zu innovativen Lösungen und vor allem kreative Mitarbeiter.
Unsere Teams sind so strukturiert, dass Sie die Möglichkeit haben, Ihre
individuellen Qualifikationen und Wünsche einzubringen. Sie können
wählen, wo Sie mit uns in Zukunft die größten Erfolge feiern möchten.

Was Sie von uns erwarten können:
- Eine interessante und verantwortungsvolle Aufgabe, bei der Sie kreativ
  Veränderungsprozesse mitgestalten können
- Einen modernen und fachlich anspruchsvollen Arbeitsplatz
- Ein engagiertes Team mit gutem Arbeitsklima
- Firmeneigene Schulung und Fachweiterbildung
- Eine Vollzeitanstellung mit leistungsgerechter Vergütung
Wir laden Sie ein, in einem dynamischen Umfeld mit uns viel zu bewegen
und Ihre Fachkompetenz sowie Ihre persönlichen Fähigkeiten kontinuierlich
auszubauen! *Interessiert?*

1 a) Schreibe zehn Fremdwörter aus den Stellenanzeigen auf.
Schlage nach, aus welchen Sprachen sie stammen.

b) Unterstreiche die Rechtschreibschwierigkeiten bei diesen
Wörtern.

interessant

c) Wähle eine Anzeige aus und übersetze die Fremdwörter ins
Deutsche. Welche Anzeige klingt besser? Begründe.

2 Entwirf eine Stellenanzeige für deinen Traumberuf.
Benutze so viele Fremdwörter, wie du für nötig hältst.

143

Station 8: Fremdwörter oder Eindeutschungen?

1 Welchen **Berufsübungsplatz** möchtest du dir aussuchen? Viele achten bei dieser Entscheidung darauf, dass der Beruf die **Möglichkeit** bietet, ein breites **Band** berufsbezogener Einblicke zu gewinnen. Doch das ist nicht der einzige **Gesichtspunkt**. Der Berufsalltag sollte nicht zu **ein-**
5 **tönig** sein, vor allem sollte er **Anstöße** für die eigene Berufsfindung geben. Also **erkundige** dich vorher genau. Wie wär's mit einem dreiwöchigen **Berufsübungsplatz** bei einem **Innenraumgestalter**? **Innenraumgestalter** geben Wohnungen ein eigenes **Gepräge**. Oder zieht es dich mehr zu einem **Feinbäcker**? Macht dir die Aussicht auf die vielen
10 leckeren Kuchen und gefüllten **Schokoladestückchen Esslust** auf all das, was mit diesem Beruf zusammenhängt?

2 Das **Interesse** vieler **weiblicher Teenies** gilt dem Beruf der **Hairstylistin**, vor allem weil sie hier mit den neuesten **Techniken** des Schneidens und **Kolorierens**, aber auch mit den **aktuellen Kosmetiktrends**
15 vertraut gemacht werden. So erhalten sie wertvolle **Tipps** für das eigene Aussehen. Zu den beliebten Berufen, die immer wieder für ein **Praktikum** gesucht werden, zählen auch die **pharmazeutischen Assistentinnen**. An **Popularität** haben auch die Berufe aus dem Hotelfach oder dem **Service-Bereich** gewonnen.
20 Ganz gleich, wie du dich entscheidest, im Praktikum wirst du auch **qualifizierten** und **kreativen** Menschen begegnen, die dich gerne in ihr **Team** aufnehmen und von deren Erfahrungen du **profitieren** kannst.

1 a) Wähle einen Textabschnitt und übersetze die Fremdwörter/ Eindeutschungen.

   b) Überarbeite den Textausschnitt, indem du Fremdwörter und Eindeutschungen so kombinierst, dass der Text deiner Meinung nach gut klingt.

Station 9: Wortfamilien

Fremdwörter nehmen einen breiten Raum in unserer Sprache ein.
Einige haben sogar große Wortfamilien gebildet.
Ergänze zu den Fremdwörtern der Wortliste möglichst viele
Mitglieder der Wortfamilie.

Wortliste 1
die Chance
Impulse
das Praktikum
das Spektrum
der Konditor
der Aspekt
monoton
der Innenarchitekt
die Atmosphäre
Pralinen
der Appetit
informieren

Wortliste 2
die Beliebtheit
gut ausgebildet
schöpferisch
die Gruppe, Mannschaft
die Apothekenhelferin
Nutzen haben
Anregungen
der Berufsübungsplatz
die Schönheitspflege-Entwicklung
neu
das Färben
das Verfahren
die Frisörin/Friseurin
der Kundendienst
Mädchen
die Anteilnahme

Kommunikation
Produktion
Industrie

Test +++ Test +++ Test +++ Test +++ Test +++ Test +++ Test +-

Fremdwörter

1 Nur ein Wort in jeder Reihe ist ein Fremdwort. Schreibe es auf.

verlieren – marschieren – entbehren – akzeptieren
kostbar – kriegerisch – korrekt – körnig
aktuell – schnell – Delle – grell

2 Schreibe Wortverwandte mit den angegebenen Wortbausteinen auf. Überprüfe mit dem Wörterbuch.

	-ell oder -iv (Adjektiv)	-tion (Nomen)	-ieren (Verb)
der Kooperator			
der Informant			
der Konstrukteur			
der Produzent			

3 a) Die farbig hervorgehobenen Fremdwörter sind nicht richtig geschrieben. Verbessere sie. Schlage nach, wenn du dir nicht sicher bist.

Lösungen
▶ **nach den Text-
und Bildquellen**

Voll im Bild

Packende Szenen, aufschlussreiche Hintergrundinfomationen –
und das alles pünktlich ins Wohnzimmer servirt. Der Komentator
Peter Woydt bringt die Tur de France zu den Fans. [...] Woydt ist
bei einem <u>multinationalen</u> Fernsehsender der Radsport-Experrte
5 für den deutschsprachigen Raum. Seit über 30 Jahren bewegt er sich
in diesem <u>Metier</u> und provitiert von seinem Sachwissen gerade bei
kniffligen Rennsituationen. „Die Massensprints", meint Woydt, „ die
machen mich heute immer noch ein wenig nervös." Vor allem wenn
er nicht vor Ort present sein kann, sondern von seinem Platz in einer
10 der Übertragungskabienen im Pariser Haupt<u>komplex</u> des Senders
arbeiten muss. Wenn dann der ganze Pulk geschlossen dem Zielstrich
entgegenrast, starren seine Augen gebannt auf den Monnitor, um
noch kleinste Deteils der Fahrer zu erhaschen, die ihm bei der
Indentifizierung helfen könnten.

b) Erkläre die Bedeutung der unterstrichenen Fremdwörter. Achte auf den Textzusammenhang.

Lernen an Stationen: Getrennt- und Zusammenschreibung

Lösungen
▶ nach den Text-
und Bildquellen

Die Frage, ob bestimmte Wörter getrennt oder zusammengeschrieben werden, können auch viele Erwachsene nicht beantworten. Am sichersten ist es natürlich, nachzuschlagen. Aber es gibt auch einige Regeln, die man gut lernen kann.

An den einzelnen Lernstationen auf den folgenden Seiten kannst du jede Regel einzeln trainieren. Außerdem solltest du dir als Grundsatz merken:

> Im Zweifelsfall schreibe getrennt!

Station 1: Nomen und Verb

1 Bilde sinnvolle Verbindungen und denke dir passende Sätze aus.

Wir müssen heute Schlange stehen.

| Amok | Schlange | Feuer | Rat | schlucken | stehen | laufen |
| Snowboard | Tretboot | Wert | | fahren | legen | suchen |

> **Merke!**
>
> Verbindungen aus **Nomen und Verb** werden **meist getrennt geschrieben.**

Station 2: Verbindungen, die zu Nomen werden

Das Schlangestehen am Skilift verdirbt mir oft den Spaß am Skilaufen. Man sollte beim Bergsteigen immer richtig ausgerüstet sein. Dann macht das Bergwandern auch bei schlechtem Wetter Spaß.

Auch wenn man zum Eislaufen geht, ist die passende Ausrüstung wichtig.

Selbst das Radfahren ist nur mit der richtigen Kleidung ein Vergnügen. Schachspielen erfordert in erster Linie Intelligenz und Ausdauer.

> **Merke!**
>
> Verbindungen aus Nomen und Verb können zu Nomen werden.
>
> Dann schreibt man sie immer zusammen.
>
> Nomen erkennt man an ihren Begleitwörtern.

1 a) Schreibe die Nomen, die aus Verbindungen entstanden sind, mit ihren Begleitwörtern auf.

> *das Schlangestehen*

b) Bilde Nomen aus den Wörtern und verwende sie in Sätzen.

Musik hören	Eis essen	beim	zum	das
Zug fahren	handarbeiten			
Kaffee trinken	schlafwandeln	dein	dieses	vom

Station 3: Verb + Verb oder Partizip + Verb

spazieren gehen, gefangen nehmen, liegen bleiben,

machen lassen, gesagt bekommen, schreiben lernen,

verloren gehen, kleben bleiben, reparieren lassen,

verschlossen bleiben, arbeiten lassen, stecken bleiben

1 Ordne die Beispiele in zwei Spalten.

Verb + Verb   Partizip + Verb
laufen lernen   geschenkt bekommen

2 Wähle acht Verbindungen aus und bilde damit Sätze.

Merke!

Verbindungen aus
zwei Verben und
Verbindungen aus
Partizip und Verb
werden meist
getrennt geschrieben.

Station 4: Schreibweisen von Straßennamen

Frankfurter Allee   Kölner Ring   Rathausplatz   St.-Ulrich-Straße

An der Kirche   Martin-Luther-King-Platz   Brunnenweg   Rheinufer

Adalbert-Stifter-Straße   Unter den Linden   Bremer Landstraße

1 Ordne die Namen der Straßen und Plätze nach ihren Schreibweisen
in die vier Spalten deiner Tabelle.

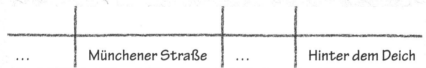

... | Münchener Straße | ... | Hinter dem Deich

a) Ergänze jeweils drei Beispiele.

b) Suche die Gemeinsamkeiten in jeder Tabellenspalte und
markiere sie farbig.
Überlege dir passende Überschriften für die Spalten.

c) Formuliere zusammen mit deinem Lernpartner/deiner Lernpartnerin die Rechtschreibregel für jede Schreibweise.

2 Teste dein Wissen: Schreibe die Namen der Straßen und Plätze in
der richtigen Schreibweise auf.

SOPHIESCHOLLPLATZ / BERLINERTOR / ANDENDREITANNEN /
ERLENWEG / AMSTIFTSPLATZ / BISMARCKRING / ULMERSTR.

Station 5: Häufige Zusammenschreibungen bei -einander und -wärts mit Verb

1 a) Ergänze passende Zusammensetzungen aus -einander + Verb und -wärts + Verb.

Weil bei dem Konzert so viele Menschen waren, konnten wir nicht **nebeneinanderstehen**.

Weil ihr euch zu sehr ablenkt, dürft ihr nicht mehr _____.
Der Weg ist so schmal und steil, sodass wir nicht weiter _____ _____.

Bei einer Diskussion ist es sehr störend, wenn alle _____.
Weil wir in einer Sackgasse nicht wenden konnten, mussten wir _____.

Beim Fußballspielen kann es passieren, dass Spieler _____.

b) Suche jeweils fünf weitere Verbindungen mit -einander und -wärts mit Verb und schreibe sie in eine Tabelle.

-einander + Verb	-wärts + Verb
hintereinanderfahren	rückwärtssprechen
...	...

Merke!

Verbindungen aus **-einander und -wärts mit Verb** werden zusammengeschrieben.

Station 6: Getrenntschreibung von Adjektiv und Verb

ruhig bleiben, besser wissen, einig werden, offen sprechen, auswendig lernen, bewusstlos schlagen

1 a) Schreibe die Sätze mit passenden Ergänzungen von oben auf.

Als Hausaufgabe sollen wir das Gedicht _____.
Es gibt Menschen, die alles _____.
Wir werden uns bestimmt in diesem Punkt noch _____.
In kritischen Situationen sollte man unbedingt _____.
Er hat gedroht, er wird mich _____.
Wir sind allein, du kannst ganz _____.

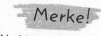

Merke!

Verbindungen aus **Adjektiv und Verb** werden **meist getrennt** geschrieben.

Station 7: Zusammengesetzte Wörter

1 Die Wettervorhersage für heute verspricht unbeständiges, kühles Regenwetter. Wer wetterfühlig ist, klagt verstärkt über Kopfschmerzen. Die Wetterfrösche empfehlen wetterfeste Kleidung.

Schreibe die Zusammensetzungen mit „WETTER" geordnet auf.

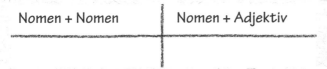

Nomen + Nomen	Nomen + Adjektiv

2 Bilde zusammengesetzte Wörter.

Butter + Dose = Butterdose
    + weich = butterweich

Kilometer — Zähler / weit

Hitze — Welle / beständig

Gewalt — bereit / Verzicht

Natur — nah / Schutz

Stunden — lang / Lohn

hohl — Raum / äugig

3 Zusammengesetzte Wörter werden als ein Wort zusammengeschrieben, können aber oft wieder in eine Wortgruppe umgeformt werden.

kälteempfindliche Stoffe ⟶ *Stoffe, die empfindlich gegen Kälte sind*

kilometerlange Strände ⟶ *Strände, die viele Kilometer lang sind*

Forme ebenso um:

sauerstoffreiche Luft   pflanzenarme Gegend
wetterbeständige Farbe   geburtenstarker Jahrgang
ertragreiche Felder   preisgünstiges Angebot
angsterfüllte Nacht   verkehrsarme Straße

4 Verkürze die Umschreibung zu einem Wort:

vom Mond beschienene Landschaft – mondbeschienene Landschaft

Lebenslauf, der mit der Hand geschrieben wurde
Schinken, der an der Luft getrocknet wurde
von einem Computer gesteuerte Anlage
Einzelteile, die mit der Hand gefertigt wurden

Getrennt- und Zusammen-
schreibung

1 Schreibe die Sätze ab und entscheide jeweils, ob getrennt oder
zusammengeschrieben wird.

Die meisten Jugendlichen möchten mit fünfzehn (Mofa/fahren).
Anfangs macht auch das (Auto/fahren) ungeheuren Spaß.
Der Unfall ist beim (Ski/laufen) passiert.
Alle mussten am Lift (Schlange/stehen).
Zurzeit macht mir das (Gitarre/spielen) großen Spaß.
Vor einigen Jahren wollten alle nur noch (Skateboard/fahren).
Viele Mädchen möchten im Sport auch gerne (Fußball/spielen).
Auf dem Schulhof ist das (Ball/spielen) neuerdings erlaubt.

2 a) Schreibe die fehlenden Lückenwörter in dein Heft.

b) Vergleiche mit dem Lösungsteil.

Wahr oder erfunden?

Ein Räuber hatte sich darauf spezialisiert, Juwelierläden aus-
zurauben, indem er die Fensterscheibe zertrümmerte und in
die ▨▨▨, was er wegtragen konnte.
Trotz der funktionierenden Warnanlagen war der Dieb jedes Mal
5 schneller.
Einer der Juweliere wollte nicht ▨▨▨ und lieber ▨▨▨. Er ersetzte
die Glasscheibe durch eine Plexiglasscheibe. Nach einigen
Wochen war es wieder so weit: Der Schmuckdieb war wieder
auf Einbruchtour. Kurz nach ein Uhr in der Nacht wollte er einen
10 Juwelierladen ▨▨▨. Er schleuderte einen Sandstein gegen die
Scheibe, diese prallte am Plexiglas ab, knallte dem Dieb an den
Kopf, sodass er ohnmächtig zu ▨▨▨ und ▨▨▨. So fand ihn ein
Mann, der so spät noch mit seinem Hund ▨▨▨. Gleich darauf
kam auch schon die Polizei und konnte den Dieb ▨▨▨.

Lösungen
▶ nach den Text-
und Bildquellen

festnehmenspazierengingliegenbliebBodengingausrauben
aufNummersichergehenuntätigbleibenTaschepacken

Komma bei Aufzählungen

Ich stieß mit jemandem zusammen, stolperte **und** fiel hin.
Ich stieß mit jemandem zusammen, stolperte, fiel hin.

Ich wäre am liebsten im Erdboden versunken **oder** unsichtbar geworden.
Ich wäre am liebsten im Erdboden versunken, unsichtbar geworden.

Er reichte mir mein Handtuch, den Badeanzug **und** die Colaflasche.
Er reichte mir mein Handtuch, den Badeanzug, die Colaflasche.

**Regel 1: Komma
bei Aufzählungen**
Das Komma steht
zwischen gleich-
rangigen Wörtern
oder Wortgruppen,
wenn diese nicht
durch „und" bzw.
„oder" verbunden
sind.

1 Ergänze die unterstrichenen Satzteile durch Aufzählungen.

Sie hatte strohblonde Haare.   ⟶   *Sie hatte kurze, lockige,
strohblonde Haare.*

Ihre Stimme klang angriffslustig. ⟶ *Ihre Stimme klang gereizt
und angriffslustig.*

Er trug neue Jeans. Seine grünen Augen funkelten übermütig.
Er kam auf sie zu. Gelassen hob er ihre Bücher auf. Sie ärgerte
sich über seine lässige Art.

2 Schreibe den Text ab und setze die fehlenden Kommas.

Unsere Wälder erfüllen wichtige Schutz-
Nutz- und Erholungsfunktionen. Auf den
vielseitigen umweltfreundlichen Rohstoff
Holz kann nicht verzichtet werden. Die
5 Holzwirtschaft erfordert die Pflege unserer
Wälder sorgt für die Verjüngung der Bestände und dient dem Erhalt des Waldes. Der
Wald speichert bei Regen große Wassermengen. Er mindert dadurch die Hochwasserge-
10 fahr sorgt für eine langsame gleichmäßige
Wasserabgabe und bewirkt einen ausgegli-
chenen Wasserhaushalt. Ein gesunder Wald bremst den Wind hält mit
seinem Wurzelwerk den Boden fest. Er schützt vor Wasser- und Winderosion Erdrutschen Austrocknung Steinschlag und Lawinen. Die Be-
15 deutung des Waldes für die Erholung hat in den letzten Jahrzehnten
zugenommen. In der Umgebung von Städten Ausflugsgebieten Fremdenverkehrszentren oder Kurorten wird der Wald besonders geschätzt.
Ein abwechslungsreicher naturnaher Wald bietet seinen Besuchern
Entspannung Ruhe Erholung und vielfältige Naturerlebnisse.

Komma im Satzgefüge

Regel 2: Komma
im Satzgefüge
Zwischen Hauptsatz
und Nebensatz steht
ein Komma. Der
Nebensatz kann
Nachsatz, Zwischen-
satz oder Vordersatz
sein.

Heute bin ich ins Schwimmbad gegangen, *weil es unerträglich heiß war.*

Heute bin ich, *weil es unerträglich heiß war*, ins Schwimmbad gegangen.

Weil es unerträglich heiß war, bin ich heute ins Schwimmbad gegangen.

1 Wähle eine passende Konjunktion aus der rechten Spalte aus und
verbinde die Sätze. Beachte die Kommasetzung.

Er zog den Pullover aus. Er war völlig durchnässt.   **da**

(START) Er zog den Pullover aus, *da er völlig durchnässt war.*

Konjunktionen,
die Nebensätze
einleiten:
als, dass, damit,
indem, nachdem,
ob, obgleich,
obwohl, sodass,
weil, wenn ...

Er begann zu zittern. Es war heiß.

Sie gab ihm eine Decke. Er konnte sich darin einwickeln.

Es war ihm peinlich. Sie bemerkte es.

Sie wollte gerade etwas sagen. Er begann zu lachen.

Am liebsten hätte sie ihn noch einmal ins Wasser
geworfen. Sein Lachen klang so unverschämt.

Dann ging er zum Kiosk. Er wollte Eis kaufen.

Er wollte sie einladen. Sie wusste es.

Sie wartete auf ihn. Sie wäre gern mitgekommen.

dass

obwohl

weil

damit

als

2 Schreibe den Text ab. Unterstreiche die Konjunktionen, die auf
einen Nebensatz hinweisen, und setze die fehlenden Kommas.

Die zunehmende Schar von Touristen stellt für viele
arme Länder ein wachsendes Problem dar obwohl der
Tourismus für sie eine der wichtigsten Einnahmequellen
ist. Da viele Touristen heute die Abgeschiedenheit einer
5 unberührten Landschaft suchen sind ursprüngliche
Naturlandschaften mehr und mehr bedroht. Große
Schwierigkeiten bereitet in den südlichen Ländern die
Wasserversorgung der Touristen. Häufig werden die gesamten Wasserreserven für den Hotelbetrieb verwendet sodass die Bevölkerung unter
10 Trinkwassermangel leidet. Kein Wunder dass viele Einheimische den
alljährlichen Strom der Touristen mit Skepsis betrachten. Obgleich der
Tourismus Arbeitsplätze schafft bringt er nur wenigen Menschen
tatsächlich Wohlstand. Die meisten der ärmeren Leute müssen damit
sie selbst überleben können mit dem Tourismus leben.

Komma bei nachfolgenden Erklärungen, Einschüben

Ich habe nur kurz mit Franziska, meiner einzigen Freundin, gesprochen.

Vor mir stand ein Junge, ungefähr in meinem Alter.

Er trug Turnschuhe, und zwar nagelneue.

Er wollte, so viel konnte ich erkennen, ein Gespräch anfangen.

Merke!

Regel 3: Komma bei nachfolgenden Erklärungen oder Einschüben
Nachgestellte zusätzliche Erklärungen oder Einschübe im Satz werden durch Komma abgetrennt.

1 Ergänze die Sätze durch Einschübe.

Er sah sehr gut aus.   das musste ich zugeben

Plötzlich kam ein Hund angelaufen.   eine echte Promenadenmischung

Ich trat einen Schritt zurück.   verunsichert durch sein Auftauchen

Der Hund umkreiste uns schwanzwedelnd.   ein äußerst lebhaftes Tier

Wir verabredeten uns für die nächste Woche.   und zwar für Freitag

2 Schreibe den Text ab. Unterstreiche alle Einschübe und Erklärungen und beachte die Kommasetzung.

Elefanten haben das weiß jeder Angst vor Mäusen. Eine Maus so meinen die meisten Menschen könnte in den Elefantenrüssel kriechen. Jeder Elefant habe daher und zwar instinktiv panische Angst vor diesen
5 winzigen Tieren. Diese Behauptung ein weit verbreitetes Vorurteil wurde längst durch Versuche widerlegt. Man hat Versuchselefanten mit Mäusen konfrontiert. Die Dickhäuter rannten keinesfalls wie
10 allgemein erwartet davon. Vielmehr näherten sie sich den Tieren mit weit geöffnetem Rüssel und zwar ohne jegliche Anzeichen von Angst. Wahrscheinlich könnte jeder Elefant sollte dies nötig sein ohne Probleme eine Maus aus dem Rüssel herausniesen.

Zeichensetzung bei wörtlicher Rede

Merke!

**Zeichensetzung
bei der wörtlichen
Rede:**

———: „———.“
„———“, ——— .
„———?“, ——— .
„———!“, ——— .
„———“, ———, „———.“

1 Vater meckert: „Musst du immer die Füße auf den Tisch legen?“
„Man wird sich's doch wohl gemütlich machen dürfen“, mault Steffi.
„Wo soll ich denn hier meine Zeitung lesen?“, fragt Opa.
„Setzt euch doch alle auf den Teppich“, meint Robert, „dann kann
ich hier in Ruhe spielen.“

Schreibe ein kurzes Gespräch auf und verwende unterschiedliche
Satzbaumuster.

2 Schreibe mit Hilfe der folgenden Begleitsätze und Redeteile eine
zusammenhängende Geschichte. Ergänze fehlende Teile.

Gespräch zwischen Michel und Eva:

Wenn es dir nicht passt,	Michel grinste
kann ich ja wieder gehen.	
Da gibt es nichts zu lachen.	fauchte Eva
Was? Eva heißt du?	fragte Michel
Ich würde dich gern zu einer Cola einladen,	sagte Michel
aber ich habe kein Geld.	
Was möchtest du haben? Cola oder Limo?	Eva sagte
Hier hast du fünf Euro. Lade mich ein.	rief er frech

Tipp

Die richtige Reihen-
folge in den zwei
Abschnitten musst
du selbst finden.

3 Schreibe den folgenden Text ab. Ergänze die Satzzeichen.

James Thurber: Der Löwe und die Füchse

Gerade hatte der Löwe dem Schaf, der Ziege und der Kuh auseinander-
gesetzt, dass der von ihm erlegte Hirsch einzig und allein ihm gehöre,
als drei Füchse erschienen und vor ihn hintraten. Ich nehme ein Drittel des Hirsches als Strafgebühr sagte der erste Fuchs du hast nämlich
5 keinen Jagdschein.
Und ich sagte der zweite nehme ein Drittel des Hirsches für deine Witwe, denn so steht es im Gesetz. Ich habe gar keine Witwe knurrte der
Löwe. Lassen wir doch die Haarspaltereien sagte der dritte Fuchs und
nahm sich ebenfalls seinen Anteil. Als Einkommenssteuer erklärte er
10 das schützt mich ein Jahr lang vor Hunger und Not.
Aber ich bin der König der Tiere brüllte der Löwe.
Na, dann hast du ja eine Krone und brauchst das Geweih nicht bekam
er zur Antwort, und die drei Füchse nahmen auch noch das Hirschge-
weih mit.

Tipp

James Thurber:
• geboren 1894 in
Columbus/Ohio,
gestorben 1961
in New York
• humoristischer
Schriftsteller
und Journalist
• berühmt für seine
zeitkritischen
Fabeln

Worttrennung am Zeilenende

Als ich zum Eisernen Steg
kam, blieb ich stehen, öffnete meine Mappe und ki-
ppte alle meine Schulbücher
5 in den Kanal. Für einen Augenblick schienen sie unschlü-
ssig zu zögern, dann rut-
schten sie raus und folgten
den Bleistiften und den beid-
10 en Plastiklinealen. Ich wartete, bis der letzte orangefarb-
ene Umschlag unter den
schwarzen Streben ver-
schwunden war. Dann
15 schmiss ich die Mappe nach.
Eigentlich hatte ich nicht
vorgehabt, auch die Ma-

ppe reinzuwerfen. Aber es
war ein großartiges Gef-
20 ühl, auf dem Heimweg nichts
mehr in der Hand zu tragen.
Ich überlegte mir, wo die
Bücher landen würden: Wer
würde sie entdecken und sich
25 fragen, wie zum Teufel englische Schulbücher an die
afrikanische Küste gerat-
en waren? Vielleicht fand
sie irgendein Schimpa-
30 nse auf einer einsamen Insel, blätterte in den Seiten
und beschaute sich die ver-
kleckste Schrift, die Häkch-
en und die Kreuzchen.

1 Hier wurde beim Schreiben in Spalten am PC nicht die automati-
sche Silbentrennung genutzt. Das Programm hat alle fehlerhaften
Trennungen markiert. Schreibe diese Wörter richtig getrennt auf.
Kontrolliere mit dem Wörterbuch.

2 a) Schreibe den Text am PC einspaltig. Trenne immer, wenn nötig,
am Zeilenende, sodass die Zeilen möglichst gleich lang werden.
Dein Programm sollte dabei keine Fehlermeldung anzeigen.

b) Drucke deinen Text einmal aus. Aktiviere dann die automatische Silbentrennung und vergleiche mit deiner eigenen Lösung.

3 Bei Bewerbungsschreiben ist es besonders wichtig, einen „Flatter-
rand" zu beseitigen. Verbessere das Schreiben, sodass der rechte
Rand gleichmäßig ist. Trenne dazu am Zeilenende passend.

Sehr geehrte Frau Schmidt,
in unserem gestrigen Telefongespräch haben Sie mir bestätigt, dass Ihr Betrieb
im nächsten Jahr Auszubildende einstellt. Ich möchte mich bei Ihnen um einen
Ausbildungsplatz als Bäckereifachverkäuferin bewerben.
Durch persönliche Gespräche und vor allem durch mein zweiwöchiges
Betriebspraktikum bei Ihnen im September konnte ich schon einiges über die
Arbeiten einer Bäckereifachverkäuferin erfahren. Im Praktikum hat mir das
Bedienen der Kunden großen Spaß gemacht und das freundliche Arbeitsklima
in Ihrem Betrieb hat mir sehr gut gefallen.

++ Test +++ Test +++ Test +++ Test +++ Test +++ Test +++ Test

Kommaregeln anwenden

Ein junger Mann mit Lederjacke und Karohose bekleidet
rennt aus der Hofeinfahrt. Gehetzt blickt er um sich. Er
läuft auf die Straße. Bremsen quietschen ein dumpfer
Schlag Glas zerbricht der Mann kommt vor einem Wagen
5 zu Fall und bewegt sich nicht mehr.
Die Umstehenden sind vor Schreck wie erstarrt.
Doch für den jungen Mann er stammt aus Hamburg ist der Schock der
anderen nur Bestätigung dafür dass er seine Sache gut gemacht hat.
Er ist Stuntman. Die Schlussszene zu einem neuen „Tatort" wird
10 gedreht.
Ein Aufgebot von Helfern wimmelt herum Autos werden umgeleitet
Straßen abgesperrt Kameraeinstellungen erprobt Szenen durch-
gesprochen.
Ein paar Mal wird geprobt wie der Verletzte in den Notarztwagen
15 eingeladen wird und die Abfahrt erfolgen soll. Dann heißt es wieder:
„Ruhe bitte! Achtung, Aufnahme!"

Sie kümmern sich buchstäblich um jeden Dreck die
Männer vom Reinigungstrupp der Autobahnmeisterei.
Sie müssen einsammeln was andere gedankenlos wegwerfen. Wenn sie nicht wären würden wir an den Auto-
5 bahnen kein Grün mehr sehen.
Einer der Arbeiter er kommt von der Autobahnmeisterei Ludwigsburg
schimpft: „Solange auf Flaschen nicht drei Euro Pfand sind werden
die Leute nicht vernünftig." Aber bisher lassen die Leute das sind
bundesdeutsche Autofahrer ihrer Unvernunft freien Lauf. Denn sie
10 leben ja in einer Wegwerfgesellschaft die all das vergisst was sie nicht
mehr gebrauchen kann.
Auf 40 Kilometern Autobahnstrecke sammeln die „Müllmänner" drei-
bis viermal in der Woche rund zwei Tonnen Dreck ein: unzählig viele
Blechdosen Flaschen Plastiktüten Papierfetzen und Pappkartons. Das
15 sind Dinge die geschwind während der Fahrt aus den Autofenstern
fliegen. Hinzu kommt der Müll der zu Hause anfällt z. B. Kühlschränke
und Fernseher Bauschutt Windeln Käse in Plastiktüten.

Lösungen
▶ nach den Text-
und Bildquellen

✎ **1** Setze in den Texten die fehlenden Kommas.

Rechtschreibstrategien festigen

Vampire

Es gibt zwar keine Draculas, aber echte Vampire aus der Familie der
Fledermäuse. Diese Blutsauger kann man in den südamerikanischen
Tropengebieten kennen lernen. Wie es sich für echte Vampire gehört,
verlassen sie erst nachts ihre Verstecke in hohlen Bäumen, modrigen
5 Felsenhöhlen und verlassenen Gebäuden und zapfen ausschließlich
Säugetiere an. Mit ihren rasiermesserscharfen Schneide- und Eckzäh-
nen schneiden sie völlig schmerzlos eine Wunde in unbehaarte
Körperteile und lecken das austretende Blut auf. Man hat auch schon
von Fällen gehört, bei denen Menschen von ihnen attackiert und zur
10 Ader gelassen wurden. In manchen Fällen bluten die Wunden noch
länger nach, weil der Speichel der Tiere einen gerinnungshemmenden
Bestandteil enthält. Gefährlich kann so ein Vampirbiss deshalb
werden, weil die Tiere infektiöse Krankheiten, wie etwa die Tollwut,
übertragen können.

1 Suche für jede Rechtschreibregel mindestens ein Beispiel aus dem
Text. Füge mindestens ein eigenes Beispiel hinzu.

- Schreibe äu/ä, wenn das Wort sich von einem Wort mit au/a
  ableiten lässt. *Fledermäuse, Bäumen, Gebäude, gefährlich, länger*
- Doppelter Konsonant steht nach kurz gesprochenem Vokal. *kennen, verlassen, völlig,*
- ß steht nach langem Vokal. *ausschließen, fließen, ..*
- Zeitangaben mit -s am Ende schreibt man klein. *nachts,*
- Wörter, die mit -ig, -lich, -isch, -los enden, sind meist Adjektive. *südamerikanisch, modrigen ausschließlich, völlig gefährlich*
- Die Vorsilbe ent- wird mit t geschrieben. *enthält, entdeckt, ..*
- Bei Zusammensetzungen bestimmt das letzte Wort die Wortart
  und damit auch, ob die Zusammensetzung groß- oder klein-
  geschrieben wird. *Säugetiere, Fledermäuse, rasiermesserscharf,*
- Der Ergänzungsbindestrich ersetzt ein Wort, das wiederholt wird. *Schneide- n Eckzähne*
- Aufzählungen werden durch Komma getrennt.
- Nebensätze werden durch Komma vom Hauptsatz getrennt.

Tanz auf den Wellen

Blauer Himmel Sonnenschein und aufkommender Wind
locken Wasserratten aus der Stube. Sie holen ihre Bretter
hervor und gleiten schwerelos übers Wasser. Wellenreiten ein Spaß für Wagemutige. Wer wellenreiten will muss
5 zuerst mit seinem Gleitbrett auf das Meer hinauspaddeln
und zwar während der Flut wenn die Wellen dem Ufer zulaufen.
Es braucht einige Übung um die richtige Welle zu erwischen sich auf
dem Brett aufzurichten und zum Strand zurückzugleiten.

 2 a) In dem Textabschnitt fehlen sechs Kommas und ein Gedanken-
strich. Setze beim Abschreiben die fehlenden Satzzeichen ein.

   b) Formuliere eine Merkhilfe für die Schreibweise der unterstrichenen Wörter. Überlege dir weitere dazu passende Beispiele.

Das Wellenreiten mit dem einfachen Surfbrett ist die
Ur-Verssion des Surfens und stammt von den Inseln
Polynesiens und Hawai. Die Ureinwohner nutzten
leichte Holzbretter, vornehmlich aus Balsaholz, um
5 sich durch den Schub der Welle tragen zu lassen. Vermutlich war es ursprünglich eher ein religiöses Rithual
als eine Fortbewegung. Es war den Häuptlingen vorbe-
halten. Seinen Boom erlebte das Surfen in den 50er-
Jahren, als viele US-Amerikaner diesen Sport für sich entdeckten.
10 Heutzutage werden Wettbewerbe veranstaltet, wo Surfer ihre Kommp-
petenz beweisen.

3 a) Überprüfe die Schreibweise der unterstrichenen Wörter mit dem
Wörterbuch.
Schreibe die im Text falsch geschriebenen Wörter richtig auf.

   b) Ersetze drei der Fremdwörter probeweise durch passende
deutsche Wörter.
Welches Wort würdest du jeweils bevorzugen? Begründe.

   c) Im Text findest du Nomen, die aus Verben entstanden sind.
Schreibe sie mit den dazugehörigen Begleitwörtern auf.

Einigen Begeisterten/begeisterten Wellenreitern wurde das Raus-
paddeln/raus Paddeln lästig. Ende der 60er Jahre/60erjahre schon
kamen sie auf die Idee, an ihrem Gleitbrett Segel anzubringen – und
schon war eine neue Sportart erfunden: das Windsurfen.

5 Aus dem weltweit/Welt weit beliebten Windsurfen ist das kitesurfen/
Kitesurfen entstanden, bei dem das Segel durch einen großen Lenk-
drachen ersetzt worden ist. Etwa seit 2001 ist es auch in Deutschland
verbreitet. Die Surfbretter zum kiten/Kiten bzw. Kiteboards sind viel
kleiner und haben kaum Auftrieb/auftrieb. Sie gleichen am ehesten

10 den Wakeboards beim Wasserskilaufen/Wasserski laufen.

4 a) Welche der angebotenen Schreibweisen ist jeweils richtig?
Schreibe die Lösungswörter untereinander.
Begründe jeweils deine Entscheidung.

b) Wähle acht Zusammensetzungen aus dem Text und zerlege sie.

 Gleitbrett – gleiten + das Brett

 c) Schreibt die Textabschnitte als Partnerdiktat.

Geschwindigkeitsrekorde in der Wüste

Jedes Jahr im Sommer treffen sich die SCHNELLSTEN der SCHNEL-
LEN auf dem großen ausgetrockneten Salzsee mitten in der amerikanischen Wüste. Auf einer TOPFEBENEN WEISSEN FLÄCHE findet
die Jagd auf Geschwindigkeitsrekorde statt. Die BESTLEISTUNG liegt

5 bei über 1000 Kilometer pro Stunde!
Der AUFWAND für diese RENNEN ist RIESENGROSS. Die Wagen
haben die ausgefallensten Farben und Formen, die möglichst
STRÖMUNGSGÜNSTIG sind. Zum BREMSEN der Fahrzeuge sind
Fallschirme nötig. Die Fahrer sehen oft aus wie Mondmenschen, sie

10 tragen eine ART „Maske" als Schutz vor den HEISSEN UND SCHÄD-
LICHEN ABGASEN. Spezialbrillen bedecken ihre Augen, die Kleidung
besteht aus FEUERFESTEM MATERIAL. Die SCHNELLEN FLITZER
auf drei oder vier Rädern locken Motorsportfans VON ÜBERALL HER
in die Salzwüste.

5 Schreibe die in Großbuchstaben geschriebenen Wörter in der
richtigen Schreibweise untereinander auf. Ergänze zu den Nomen
passende Begleitwörter. Begründe die Kleinschreibungen.

Mineral- und Fossiliensuche

Wenn man Minerale und Fossilien finden will, sollte man freiliegende Gesteine, Strände, Kliffe und Flüsse untersuchen. Auch Straßeneinschnitte, Kiesgruben und Steinbrüche könnten Erfolgversprechen.

5 Das Fossiliensuchen ist ein Hobby für ausdauernde, naturbegeisterte Spaziergänger. Wichtige Hinweise findet man in Reiseführern, geologischen Karten und Museen. Man sollte allerdings Naturdenkmäler und gefährlich aussehende Steilwände meiden.
Wichtig sind alte Kleidung, trittfeste Schuhe, Schutzbrille und Schutz-
10 helm. Mineralsucher suchen nach frisch gebrochenen Felsen, Hohlräumen und Verwitterungsspuren attraktiver Minerale. Fossilsucher suchen nach freiliegenden Gesteinen, die Teile fossiler Pflanzen und Tiere enthalten.

Lösungen
▶ nach den Text-
und Bildquellen

6 a) Entscheide, ob die unterstrichenen Stellen im Text getrennt oder zusammengeschrieben werden. Schreibe den Text richtig auf.

b) Diktiert euch den Text abschnittsweise als Partnerdiktat.

Auch Pflanzen können Fieber haben

Wissenschaftler haben fest gestellt, dass Pflanzen tatsächlich Fieber bekommen können, wenn sie krank sind. Die Blätter kranker Pflanzen wießen eine drei bis fünf Grad höhere Temperatur auf als die Blätter gesunder Pflanzen.

5 Nachgewiesen wurde diese Tatsache mit Infrarottermometern an von Fäulnisspilzen befallenen Zuckerüben und Baumwollbüscheln. Die Beschädigungen an den Wurzeln, so lautet die erklärung, füre zu einer Störung der Wasser Aufnahme der Pflanzen und das wiederum bewircke das Fieber in den Blättern. Fieberanfälle wurden auch nach-
10 gewiesen, wenn die pflanzen großen Durst hatten.

7 a) Korrigiere die zehn Fehlerwörter. Schreibe sie richtig untereinander.

b) Überlege dir zu jedem Wort weitere Beispielwörter mit ähnlicher Schreibweise.

(START) *festgestellt – festgehalten, festbinden*

Körpersprache:
Erfolg des Bewerbungsgespräches kann davon abhängen

Bewerbungsgespräche sind meist eine nicht ganz einfache Sache.
Dass man sich gut vorbereitet durch Informationen über das Unternehmen und den erwünschten Beruf, ist
selbstverständlich.

5 Neben exzellenten Bewerbungsunterlagen
und Zeugnissen hängt auch viel von der
Mimik und Gestik des Bewerbers ab.
Viele Chefs haben ein geübtes Auge, wenn
es um die Stellung der Arme und der Beine

10 geht. Verschränkte Arme und auf der Stuhl-
kante sitzen signalisieren Abwehr, ebenso
zusammengepresste Beine.

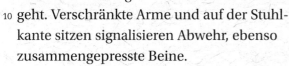

Selbstsicherheit zeigt derjenige, der sein Gegenüber offen ansieht, ab
und zu lächelt und seine Hände „sprechen" lässt.

15 Doch Vorsicht vor der allzu selbstsicheren Pose: Wer auf dem Stuhl
herumlümmelt oder sich herablassend gibt, gerät in Verdacht, das
Gespräch nicht ernst zu nehmen.
Besonders gut wirkt, wer sich vorbeugt und manchmal kurz nickt.
Wer wie hingegossen auf dem Stuhl sitzt, den Blick im Zimmer

20 herumschweifen lässt, mit einem Kugelschreiber spielt, kommt nicht
gut an.
Ein geschulter Chef weiß, dass Bewerber mit solchen Eigenschaften
sich meist schlecht in ein Team integrieren und Schwierigkeiten
machen.

8 a) Suche die Fremdwörter im Text. Schreibe sie untereinander auf
und suche zu jedem Wort mindestens ein verwandtes.
Überprüfe mit dem Wörterbuch die richtige Schreibweise.

   b) Schreibe den Text als „Eigendiktat". Merke dir dazu jeweils
einen ganzen oder zumindest den halben Satz und schreibe ihn
anschließend auswendig auf.
Kontrolliere am Schluss, wenn du fertig bist mit dem Schreiben.

   c) Verbessere deine Fehler. Wähle dazu passende Übungen aus.

Übungsformen
trainieren
▶ S. 128

Sprache untersuchen

Wiederholung: Wortarten

Die Kuh – das unterschätzte Wesen

Kühe sind sanftmütig, schwerfällig und – selbst in Vergleich zu anderen Nutztieren – von einem eher schlichten Gemüt. Mit diesem jahrhundertealten Vorurteil wollen Forscher an der Universität im britischen Bristol aufräumen: Offenbar fehlte es den Wiederkäuern bisher schlicht und einfach an Möglichkeiten, ihren hohen Intellekt unter Beweis zu stellen.

Professor Donald Broom bewies anhand der Gehirnwellen, dass Kühe durch geistige Herausforderungen stimuliert werden. Sobald sie ein Problem lösen, zeigen sie Erregung, eine höhere Herzfrequenz, einige sprangen sogar vor Freude in die Luft. „Wir nennen das den Eureka-Moment", so Broom.

Auch das Sozialleben der Rinder ist viel komplexer als bisher angenommen: Innerhalb der Herde gibt es Freundeskreise von zwei bis vier Kühen, die viel Zeit miteinander verbringen, sich gegenseitig belecken und Fellpflege treiben. Umgekehrt kann eine Abneigung zwischen zwei Kühen Monate oder sogar Jahre anhalten. Neid und Trauer, sogar Zukunftsängste gehören ebenfalls zum Gefühlsrepertoire der Unpaarhufer.

1 Um welche drei Wortarten handelt es sich bei den unterstrichenen Wörtern?
Suche im Text für jede Wortart fünf weitere Beispiele.

2   Nomen   Verben   Adjektive

Ordne die genannten Merkmale der entsprechenden Wortart zu.
- beschreiben, wie Lebewesen, Gegenstände, Vorgänge sind
- bezeichnen Lebewesen, Gegenstände, Vorstellungen
- geben an, was geschieht oder was jemand tut
- können gesteigert werden
- können im Singular (Einzahl) oder Plural (Mehrzahl) stehen
- können in unterschiedlichen Zeitformen stehen
- können unterschiedliche Personalformen bilden (ich ..., er ...)
- werden meistens von einem Artikel begleitet (der, die, das, ein, eine)

Tipp

stimuliert =
angeregt

Tipp

Eureka oder
Heureka = Ich hab's
gefunden. Freudiger
Ausruf bei gelungener Lösung einer
schweren Aufgabe

Tipp

Repertoire =
Vorrat

3 a) Nicht immer steht tatsächlich ein Artikel beim Nomen, manchmal musst du dir den fehlenden Artikel dazudenken.

unbestimmter Artikel	bestimmter Artikel Singular	bestimmter Artikel Plural
ein Nutztier	das Nutztier	die Nutztiere

Ergänze die Tabelle durch sechs weitere Beispiele aus dem Text (S. 162).

b) Im Text (S. 162) findest du viele Nomen, die keine Gegenstände oder Lebewesen benennen, sondern abstrakte Begriffe. Schreibe sechs Beispiele aus dem Text auf.

(START) **der Vergleich**

c) Nomen können in vier verschiedenen Fällen stehen. Schlage im Grundwissen nach. Suche im Text für jeden der vier Fälle ein Beispiel und schreibe es mit Artikel auf.

4 a) Zwei Verben im Text stehen in der Grundform (Infinitiv). Schreibe vier Beispiele aus dem Text auf.

b) Im Text werden unterschiedliche Zeitformen verwendet:

Gegenwart (Präsens): (sie) lösen
Vergangenheit (Präteritum): (es) fehlte

Suche im Text jeweils zwei weitere Beispiele für diese Zeitformen.

5 a) Die meisten Adjektive lassen sich steigern:

sanftmütig – sanftmütiger – am sanftmütigsten

Wähle drei Adjektive aus dem Text aus und steigere sie ebenso.

b) Suche ein Adjektiv im Text, welches man nicht steigern kann.

c) Zwei Adjektive werden im Text in einer Steigerungsform verwendet. Schreibe sie auf.

Wortbildung

1 Bilde aus diesen Bausteinen möglichst viele Wörter.

a) Schreibe die Wortfamilie so auf, dass die Wortstämme genau untereinanderstehen. Schreibe bei den Nomen den Artikel davor.

er	t	reich	er	in
be	en	ge	lehr	
ig	ung	ling	e	

START *der Lehr/ling*
be/lehr/en

b) Wähle einige Wörter aus, diktiere sie einem Partner/einer Partnerin und korrigiere sie.

2 a) Ordne die Wortbausteine nach Vorsilben, Wortstämmen und Nachsilben:

zieh	ver	be	sam	bar	un	künd
ent	fall	ung	lich	tum	keit	meid
fließ	heit	nis	zer	schaft	ig	halt

START *Vorsilben: ver, ...*
Wortstämme: zieh, ...
Nachsilben: ...

b) Füge aus den Bausteinen Wörter zusammen.

c) Suche für jede Vorsilbe und für jede Nachsilbe weitere zehn Beispielwörter.

d) Zerlege die folgenden Wörter in ihre Bausteine und kennzeichne den Wortstamm. Suche Wortverwandte.

un	über	<u>brück</u>	bar

die Brücke, überbrücken, die Überbrückung

verunglücken   einsichtig   Geruhsamkeit   ungesetzlich
unerklärlich   verunreinigen   Ungewissheit   Vergebung

3 Auch die Schreibweise häufig vorkommender Endungen solltest du
dir einprägen:

en   est   et

warten, du wartest, er/sie/es wartet

Bilde von den folgenden Wörtern ebenso die Personalformen mit
du und er/sie/es.

finden	fechten	gestalten	arbeiten	beten
wenden	dichten	meiden	deuten	reden

4 Oft treffen bei zusammengesetzten Wörtern gleiche Buchstaben
aufeinander. Achte besonders auf die bekannten Wortbausteine.

ver-raten	ent-täuschen	un-natürlich	ab-biegen
die Roh-heit	die Zäh-heit	der Unter-richt	vor-rücken

a) Suche weitere Beispiele.

b) Wenn bei Zusammensetzungen drei gleiche Buchstaben
zusammentreffen, kann man auch einen Bindestrich setzen.

(START) *die Schiff-Fahrt oder Schifffahrt, die Kaffee-Ernte oder*
Kaffeeernte

Schreibe Zusammensetzungen mit und ohne Bindestrich auf:
Schwimm-   -Papier
Krepp-   -Flasche
Genuss-   -Nummer
Kenn-   -Meisterschaft
Sauerstoff-   -Sucht

5 Manchmal ändert sich bei der Bildung von Wörtern einer Wortfamilie der Vokal im Wortstamm:

tragen   Ver**trag**, ab**trag**en, **trag**bar
    er**träg**lich, ver**träg**lich, uner**träg**lich

a) Schreibe alle Wörter auf, die du mit den folgenden Bausteinen
bilden kannst.

ge   fahr/fähr   e   te   lich

b) Ergänze weitere Wörter aus der gleichen Wortfamilie.

Fachbegriffe und Fremdwörter untersuchen

Mit uns in die Zukunft

Wir sind ein führender deutscher Lebensmittel-Filialbetrieb,
der seit über 20 Jahren erfolgreich ist und kontinuierlich wächst.
Der Erfolg und das stetige Wachstum der Unternehmensgruppe beruhen
weitgehend auf der konsequenten Realisierung des Discountkonzeptes.

Sie sind aber auch begründet in der Qualifikation der Mitarbeiterinnen und
Mitarbeiter, die wir mit großer Sorgfalt auswählen.

Wir suchen im Raum Würzburg **Auszubildende**,
die wir in einer zweijährigen Ausbildungszeit zu
Verkäufern und Verkäuferinnen ausbilden.

Wir bevorzugen junge, kontaktfreudige Schülerinnen und Schüler
mit einer guten Schul- und Allgemeinbildung, die zur engagierten
Mitarbeit bereit sind und Wert auf ein gepflegtes Äußeres legen.
Die Ausbildung findet in verschiedenen Filialen statt.
Nach der Ausbildung bestehen attraktive Aufstiegs- und Qualifizierungs-
möglichkeiten in unserem Unternehmen.

KFZ-ELEKTRIKER
für den Einbau von Mobilfunktelefonen in Kraft-
fahrzeuge, die Reparatur- und Garantieabwick-
lung sowie die Verwaltung und Bearbeitung der
Serviceunterlagen. Sie sind verantwortlich für
die technischen Abläufe einerseits und für den
Kontakt zum Kunden andererseits.

> **Merke!**
>
> **Fremdwörter**
> stammen aus
> anderen Sprachen.
> Ihre Herkunft ist
> teilweise an der
> Schreibweise
> erkennbar.

1 a) Schreibe aus den Texten zehn Wörter heraus, die du für Fremdwörter hältst.

b) Überprüfe mit dem Wörterbuch. Schreibe auf, aus welchen
Sprachen die Wörter stammen.

2 Im Text findet ihr auch Begriffe, die ohne Sachwissen schwer ver-
ständlich sind, obwohl sie nicht aus fremden Sprachen stammen.
Beispiel: das stetige Wachstum der Unternehmensgruppe
Erklärt den Ausdruck mit eigenen Worten. Einigt euch auf die beste
Umschreibung.

3 a) Wer ist gemeint? Ordnet die Begriffe aus der Wortliste zu.

Sie beschäftigen sich mit der Herstellung und Instandhaltung von Instrumenten, Implantaten und Geräten für die Heilkunde.

Sie sind in der hoch qualifizierten Fertigungstechnik bei der Herstellung von empfindlichen Triebwerksteilen, bei der Entwicklung und Überprüfung sowie in der Montage und Überholung tätig.

Ihr Aufgabengebiet umfasst die Herstellung und Instandhaltung von feinwerktechnischen Produkten.

Sie sind in Produktion und Reparatur von Tragwerk, Rumpfwerk, Leitwerk sowie beim Einbau von Fahrwerk, Steuerung und Triebwerk tätig.

Fluggerätbauer/in
Chirurgie-
  mechaniker/in
Fluggerät-
  mechaniker/in
Industrie-
  mechaniker/in
Fachrichtung
  Geräte- und Fein-
  werktechnik

b) Schreibt alle Fachbegriffe aus den abgedruckten Textbeispielen auf. Sucht nach Umschreibungen für die Begriffe.

(START) **Fertigungstechnik: Herstellungsbereich. Dort wird ein Gerät oder eine Maschine angefertigt.**

c) Berufsbeschreibungen sind oft schwierig zu verstehen. Was ist eurer Meinung nach der Grund für diese Fachsprache?

Tipp

Besorgt euch für diese Arbeit geeignete Nachschlagewerke.

4

Berufe früher	Berufe heute
Drescher	Autolackierer/in
Harnischmacher	Chemielaborant/in
Kornmesser	Elektroinstallateur/in
Helmschmied	Hörgeräteakustiker/in
Käsbohrer	Luftverkehrskaufmann/-frau

a) Wie sind die Berufsbezeichnungen entstanden?

b) Formuliert Umschreibungen:

Der Drescher war für das Dreschen des Kornes zuständig.
(START) **Ein Chemielaborant arbeitet in einem chemischen Labor.**

c) Neue Berufsbezeichnungen werden meist durch Wortzusammensetzungen gebildet. Sammelt Beispiele mit Hilfe von „Beruf aktuell".
Stellt eine Liste von Fremdwörtern auf, die dabei häufiger auftauchen, z. B.: Textil-? Industrie-?

Merke!

Fachbegriffe sind genau **festgelegte Ausdrücke,** die für bestimmte Berufe oder in bestimmten Bereichen von besonderer Bedeutung sind, z. B. im Bereich Computer: Modem, CD-ROM, Datei, Software ...

Satzglieder

Satzglieder bestimmen

Subjekt	**Prädikat**	**Dativobjekt**	**Akkusativobjekt**
Wer? Was?	Was wird getan?	Wem?	Wen? Was?
TOR	**BOOTS**	**BAU**	**BER**

adverbiale Bestimmung des Grundes	**adverbiale Bestimmung des Ortes**
Warum? **DI**	Wo? **KON**

adverbiale Bestimmung der Zeit	**adverbiale Bestimmung der Art und Weise**
Wann? **ER**	Wozu? Wie? **GER**

1 Niklas, Fabian und Susanne haben sich im BIZ über Ausbildungsberufe informiert.

Dabei haben sie auch etwas ausgefallene Berufsbilder entdeckt:

Pralinen, Marzipan und sonstige Zuckerwaren entstehen in Fabriken oder Backstuben. Die Produkte sehen wegen der vielen Verzierungen sehr hübsch aus.

Sie bearbeiten Häute und Felle pflanzlich oder chemisch. Aus diesem Rohstoff fertigt die Bekleidungsindustrie schicke Klamotten.

Diese Spezialisten bauen Boote aller Art. Bei Reparaturen geben sie den Kunden zu jeder Zeit gute Tipps.

a) Ermittle in jedem Satz die unterstrichenen Satzglieder. Stelle dazu die passenden Fragen.

b) Jeder Satzgliedbezeichnung ist oben auf der Seite eine Silbe beigefügt. Wenn du die unterstrichenen Satzglieder richtig bestimmt hast, nennen dir die Silben hintereinandergelesen die drei Berufe. Notiere sie.

c) Vergleiche mit dem Lösungsteil.

Lösungen
▶ nach den Text-
und Bildquellen

2 Simon wünscht sich eine Lehrstelle als Dreher.

Marco schreibt eine Bewerbung trotz seiner Zweifel.

Jana durfte den ganzen Tag beim Blumenbinden nur zusehen.

Jemand mit Meisterprüfung hat gute Chancen.

Nach der Schule wollen fast alle einen Ausbildungsplatz haben.

a) Ermittle in jedem Satz die Satzglieder mit Hilfe der Umstellprobe.

b) Du kannst die markierten Satzglieder auch anders ausdrücken.
   Ersetze sie jeweils durch einen passenden Ausdruck:

   …, dass er eine Lehrstelle als Dreher bekommt.
   …, obwohl er zweifelt.
   …, wie Blumen gebunden wurden.
   Wer die Meisterprüfung besteht, …
   Wenn die Schule vorbei ist, …

Merke!

Nebensätze können
die Aufgaben von
Satzgliedern über-
nehmen.

3 **Adverbiale Bestimmung des Grundes und der Art und Weise**

Wer sich ▨▨▨ für einen Beruf entscheidet, kann manche Über-
raschung erleben.
Nicht selten brechen Azubis ▨▨▨ die Ausbildung ab.
Man sollte ▨▨▨ eine Schnupperlehre machen und sich ▨▨▨ ent-
scheiden.
Praktische Erfahrungen braucht man ▨▨▨ .
Der Praktikant bekommt ▨▨▨ einen konkreten Eindruck vom
Berufsalltag. Er wird ▨▨▨ seine Entscheidung für eine Ausbildung
▨▨▨ treffen.

a) Ergänze den Text sinnvoll durch das Einfügen zusätzlicher
   Angaben.

   für eine realistische Beurteilung des Berufes – auf diese Art
   und Weise – auf Grund dieser Erfahrung – nicht unbedacht –
   unüberlegt – wegen der unerwarteten Belastungen – deshalb –
   nicht vorschnell

b) Bestimme die eingefügten Satzglieder, indem du danach fragst:
   Wie? Auf welche Art und Weise?
   Warum? Aus welchem Grund?

Merke!

Satzglieder, die
nähere Angaben zu
einem Geschehen
machen, heißen
**adverbiale Bestim-
mungen.**
Man unterscheidet:
adverbiale
Bestimmungen **der
Zeit, des Ortes, der
Art und Weise** und
des Grundes.

169

Adverbiale Bestimmungen

1 Das Fliegenkönnen ist ein Menschheitstraum.

2 Drachen wurden geflogen.

3 Das Bauen und Fliegenlassen von Drachen ist Volkssport.

4 Die Kunst des Drachenbaus verbreitet sich.

5 Bastler dekorieren den Drachen.

6 Drachenfeste werden veranstaltet.

7 Sicherheitsleinen verankern die Drachenpiloten.

8 Die Wissenschaft erforscht den Wind und die Grundgesetze der Aeronautik.

9 Die Drachenschnur verschickt die Wünsche des Menschen.

10 Der Drache ist ein Glückssymbol.

1 Der Text über Drachen lässt viele Fragen offen.
Stellt Fragen zu den Sätzen.
Wann? Wo? Wohin? Warum? Womit? Wie?

2 a) Füge die Angaben von Seite 171 passend in den Text ein.

b) Stelle Satzglieder um, sodass der Text besser klingt.

seit vielen Jahrhunderten

erstmals vor etwa 2500 Jahren

im fernen Osten

in Asien

von China aus

in die ganze Welt

mit viel Mühe

in Deutschland

am Boden

bei starkem Wind

in Europa und Amerika

weil sie Himmel und Erde verbindet

in Japan

Merke!

**Adverbiale Bestim-
mungen** sind Satz-
glieder, die auf die
Fragen
wann?,
wo?,
womit?,
warum? und
wie?
antworten.

Sicherheitsgebote fürs Drachenfliegen

Einen Drachen fliegt man am besten über einem flachen, offenen Gelände,
weil jedes Hindernis zu einer Verwirbelung der Luftströmung führen kann.
Niemals in der Nähe von Hochspannungsleitungen und Masten fliegen!
Bis zum nächsten Flugplatz muss mindestens eine Entfernung von 5 km
5 bestehen.
Einen Drachen niemals während eines Gewitters fliegen, weil er als Blitz-
ableiter wirken kann.
Bei stärkerem Wind sollte man immer Schutzhandschuhe tragen, weil man
sonst durch die Leine Verletzungen an den Händen bekommen kann.
10 Auf Menschen und Tiere besonders achten!
Nicht in der Nähe von anderen Drachen fliegen!

3 Suche im Text adverbiale Bestimmungen.
Schreibe sie auf und gib jeweils an, welche Frage sie beantworten.

Konjunktionen nutzen

Als Ver- und Entsorger bei den Stadtwerken

Mein Betriebspraktikum absolvierte ich bei den Stadtwerken. Die Stadtwerke sind für die Wasser- und Stromversorgung zuständig. Es arbeiten Elektriker, Installa-

5 teure und andere Handwerker bei den Stadtwerken. In der Verwaltung arbeiten etwa 20 Personen, z. B. Bürokaufleute. Ich war meistens mit den Installateuren unterwegs. Mit den Installateuren hatte

10 ich keine Probleme. Es herrschte ein gutes Betriebsklima. Einige Leute rieten mir, nicht Ver- und Entsorger zu werden. Man muss in diesem Beruf viele verschiedene Tätigkeiten ausführen. Keine Tätig-

15 keit beherrscht man so wie ein guter Handwerker. Ich war jeden Tag einer Gruppe von Arbeitern zugeteilt. Die Arbeiter haben mir immer alles ganz genau erklärt.

20 Gut gefallen hat mir die Besichtigung der Filterspülung im Wasserwerk. Nicht so gut gefallen hat mir das Zuschaufeln von Wasserleitungsschächten. Bei der Stadt beschäftigt zu sein ist nicht so stressig

25 wie in einem Privatbetrieb. Ich würde mich nicht für diesen Beruf bewerben. Ich möchte mich im Beruf mehr spezialisieren.

Merke!

Konjunktionen
(Bindewörter) verbinden Satzteile und Sätze.
Konjunktionen sind:
weil, oder, und, aber, wenn, da, obwohl, sondern ...

1

a) Der Text klingt nicht sehr flüssig. Woran liegt das?

b) Schreibe den Text ab und unterstreiche je zwei bis drei inhaltlich eng zusammengehörige Sätze jeweils in der gleichen Farbe.

c) Verbinde die Sätze mit Konjunktionen.
Es gibt verschiedene Möglichkeiten (s. u. im gelben Kasten).

d) Vergleicht eure Ergebnisse.

Satzreihe:

Hauptsatz	Konjunktion	Hauptsatz
Ein Ver- und Entsorger muss vielseitig sein,	***denn***	*er übt viele verschiedene Tätigkeiten aus.*

Satzgefüge:

Hauptsatz	Konjunktion	Nebensatz
Ein Ver- und Entsorger muss vielseitig sein,	***weil***	*er viele verschiedene Tätigkeiten ausübt.*

Weil *ein Ver- und Entsorger viele verschiedene Tätigkeiten ausübt, muss er vielseitig sein.*
Ein Ver- und Entsorger muss, ***weil*** *er viele verschiedene Tätigkeiten ausübt, vielseitig sein.*

2 a) Verknüpfe je zwei Sätze mit den Konjunktionen aus der Wortliste. Probiere mehrere Möglichkeiten mit unterschiedlichen Konjunktionen aus. Ändert sich dadurch der Sinn einer Aussage?

> Ich interessiere mich für Elektrotechnik.
> Meine Freizeit verbringe ich gern am Computer.

> Dekorieren macht mir Spaß.
> Das Gestalten von Trockenblumengestecken ist mein Hobby.

> Schreibarbeiten führe ich gern aus.
> Mit Textverarbeitungsprogrammen bin ich vertraut.

> Im Großraumbüro arbeiten Ingenieure und Schreibkräfte.
> Jeder hat seinen eigenen Arbeitsplatz.

und ...
aber ...
damit ...
denn ...
obgleich ...
nicht nur ..., sondern auch
sowohl ... als auch
zwar ..., aber

b) Was haben die verwendeten Konjunktionen gemeinsam?
Überprüfe durch: – Weglassen der Konjunktion,
                            – Vertauschen der beiden verknüpften Sätze.

 c) Ergänzt den folgenden Satz mit passenden Konjunktionen aus der Wortliste zu einer sinnvollen Gesamtaussage.

(START) *Jeder Schulabgänger sollte sich rechtzeitig über seinen Wunschberuf informieren, ...*

Was wird allein durch die jeweilige Konjunktion bereits angekündigt? Vergleicht eure Sätze.

3 a) Schreibe die Tabelle ab und ordne die folgenden Konjunktionen in drei Gruppen:

Konjunktionen, die aufzählen	Konjunktionen, die einen Gegensatz verdeutlichen	Konjunktionen, die begründen
sowie	aber	weil
...	...	...

sowie	aber	denn	weder ... noch	weil	da
doch	damit	oder	anstatt dass	sondern	obgleich

b) Überprüfe dein Ergebnis durch die Verwendung der Konjunktionen in Sätzen.

173

4 Argumentieren

a) Alle hier genannten Argumente sind zweiteilig.
Schreibe sie ab und unterstreiche jeweils den Hauptsatz.
Umkreise die Konjunktion.

(START) Zeitunglesen finde ich schon wichtig, obwohl es mir eigentlich
zu zeitaufwändig ist.

b) Welche Aufgabe hat jeweils der Nebensatz?
Ordne die Aussagen den folgenden Mustern zu:

Aussage + Einschränkung	Aussage + Einschränkung
Aussage + Gegensatz	Aussage + Folgerung
Aussage + Grund	Aussage + Art und Weise

(START) Aussage + Einschränkung: Zeitunglesen finde ich schon
wichtig, obwohl es mir eigentlich zu zeitaufwändig ist.

c) Versuche, die Konjunktionen zu ersetzen, ohne den Sinn der
Aussage zu verändern.

(START) Zeitunglesen ist mir eigentlich zu zeitaufwändig, trotzdem
finde ich es wichtig.

d) Verändere die Beispiele:
– durch Anhängen eines anderen Nebensatzes,
– durch Voranstellen eines anderen Hauptsatzes.

(START) Zeitunglesen finde ich wichtig, weil es in den Radionachrichten
so wenig Hintergrundinformationen gibt.

e) Was ist deine Meinung zu dem Thema? Formuliere eigene
Argumente. Achte dabei besonders auf die Verwendung ge-
eigneter Konjunktionen.

Tipp

Denke an das Komma
zwischen Haupt- und
Nebensatz.

Pronomen nutzen

> Ich finde es nicht gut, wenn Kinder zu viel am Computer sitzen. Die Kinder haben dann keine Lust mehr, mit Freunden zu spielen oder raus an die frische Luft zu gehen. Die Kinder sitzen den ganzen Tag vor dem Computer und werden einsam. So kommt es, dass das Kind keinen Kontakt zu anderen Kindern hat. Dadurch verlernt das Kind, mit anderen Kindern umzugehen.

1 Diese Stellungnahme klingt teilweise unbeholfen. Begründe.

2 Probiere unterschiedliche Ersatzwörter für das zu häufig verwendete Nomen aus.

sie – diese – diejenigen – es – man – jemand – derjenige

Schreibe den Text in verbesserter Form auf.

3 Auch die Wörter **manche**, **viele** und **einige** können ein Nomen ersetzen.
Überarbeite den Text noch einmal, indem du diese Wörter einfügst.
Überprüfe, wie sich die Aussage des Textes verändert.

4 Überarbeite die Sätze. Ersetze jeweils das wiederholt gebrauchte Nomen durch ein passendes Pronomen.

- Rennsport ist sehr spannend, aber Rennsport kann auch gefährlich sein.
- Wenn der Fahrer unüberlegt handelt, passiert schnell ein Unfall. Der Fahrer muss deshalb konzentriert fahren.
- Ein Rennfahrer muss auf Alkohol verzichten. Einen Rennfahrer zeichnet außerdem aus, dass er gute Nerven hat und Disziplin.
- Der Sieger wird berühmt und dem Sieger werden Gewinn bringende Werbeverträge angeboten.
- Formel-1-Rennen sehen meist riskant aus, obwohl bei Formel-1-Rennen selten etwas passiert.
- Fußballer verletzen sich viel häufiger und nicht selten haben die Fußballer Dauerschäden durch den Sport.

Personalpronomen
(persönliche Fürwörter):
ich, du, er/sie/es, wir, ihr, sie

Demonstrativpronomen
(hinweisende Fürwörter):
dieser, diese jener, jene

Indefinitpronomen
(unbestimmte Fürwörter):
jemand
man
manche

175

Wortarten

Klebriges Chaos

Eine angriffslustige Wespen hat auf der Autobahn A1 bei Greven für ein Marmeladenchaos gesorgt. Das Insekt irritierte im Führerhaus einen Lkw den Fahrer so sehr, dass der Laster ein Brückenpfeiler schrammt und einen Sachschaden von 100 000 Euro verursachten. 15 Tonnen Marmeladengläser stürzten auf die Fahrbahn und verkleben 150 Meter der Autobahn. Ob die Wespe die einmaligste Gelegenheit zum Naschen nutzte, konnte die Behörden nicht mitteilen. Der Fahrer blieb zum Glück unverletzt.

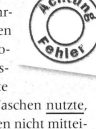

1 In dem Text sind acht Grammatikfehler. Schreibe den Text in verbesserter Form auf. Vergleiche mit dem Lösungsteil.

2 Bestimme die Wortart der unterstrichenen Wörter.

Salz – das „weiße Gold"

Heutzutage kauft ▇▇▇ das Kochsalz, ▇▇▇ im Haushalt benötigt wird, für wenig Geld in jedem Supermarkt. Kaum zu glauben, dass ▇▇▇ in früheren Zeiten mancherorts so kostbar war wie Gold. Steinsalz konnte nicht überall auf der Erde gewonnen werden. Oft wurde ▇▇▇ daher von
5 weit her gebracht, auf den so genannten Salzstraßen. ▇▇▇ waren oft Schauplatz für harte Kämpfe um das begehrte Handelsgut. Das Salz, ▇▇▇ unbedingt zum Konservieren von Lebensmitteln gebraucht wurde, war für die Händler eine wertvolle Handelsware. ▇▇▇ mussten ▇▇▇ auf dem Transport sogar durch bewaffnete Reiter schützen lassen. Der
10 Grundherr, ▇▇▇ im Besitz einer Salzstraße war, konnte für ▇▇▇ Benutzung Zölle verlangen. So profitierte auch ▇▇▇ vom Handel mit dem „weißen Gold". Bis 1993 erhielt sich eine Salzsteuer, ▇▇▇ für den Staat eine gar nicht so unwesentliche Einnahmequelle darstellte.

3 a) Ergänze in dem Text sinnvoll die fehlenden Pronomen:

das   die   der   dies/diese   deren   es   er

jene   man   seinen   sie   welche/welcher/welches

b) Unterscheide zwischen Relativ- und Personalpronomen. Unterstreiche sie in zwei verschiedenen Farben.

Konjunktionen nutzen

Sind Männer und Frauen heute gleichberechtigt?
Früher gab es keine Gleichberechtigung. Im Vergleich dazu hat sich viel
geändert. Die Männer dürfen nicht einfach über die Frauen bestimmen.
Frauen haben die gleichen Rechte. Früher hatten Mädchen die Alterna-
tive, zu Hause zu bleiben oder zu heiraten. Sie durften keinen richtigen
Beruf lernen. Heute muss eine Frau nicht unbedingt heiraten. Sie kann
selbst entscheiden, welchen Beruf sie erlernt. Manche Männer haben
heute noch eine überholte Einstellung. Sie meinen, Frauen gehören in
die Küche. Die Einstellung wird zum Teil von den Eltern weitergegeben.
Das ist vielen Eltern gar nicht bewusst. Das Mädchen soll der Mutter
im Haushalt helfen. Den Jungen nimmt der Vater mit in die Werkstatt.

1 a) Der Text klingt flüssiger, wenn du zusammengehörige Sätze verknüpfst. Schreibe den Text ab und unterstreiche die Sätze, die
inhaltlich eng zusammengehören.

b) Probiere verschiedene Verknüpfungsmöglichkeiten aus.
Du kannst dazu Wörter aus der Wortliste verwenden.

2 Verbinde Sätze, die zusammenpassen.
Es gibt mehrere Möglichkeiten.

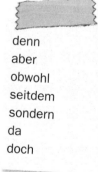

denn
aber
obwohl
seitdem
sondern
da
doch

Im 19. Jahrhundert konnten Mädchen keinen Beruf erlernen.	Neue Arbeitsplätze entstanden.
Ledige Frauen arbeiteten oft als Dienstmädchen.	Die Stellen waren sehr begehrt.
Die Industrialisierung begann.	Die meisten heirateten, um versorgt zu sein.
Die Arbeitsbedingungen waren hart.	Sie verdienten mehr als ein Dienstmädchen.
Fabrikarbeiterinnen standen den ganzen Tag an einer Maschine.	Ehemänner gaben die Erlaubnis zum Arbeiten.
Auch verheiratete Frauen konnten in einer Fabrik arbeiten.	Es gab keine anderen Möglichkeiten.

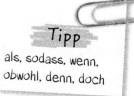

Tipp

als, sodass, wenn,
obwohl, denn, doch

Fachbegriffe, Fremdwörter

Tapfere Mädchen

Seit anderthalb Wochen sind Zigaretten für Nadine und Aline tabu

Starke anderthalb Wochen ist es her, dass Nadine und Aline dem blauen Dunst <u>Adieu</u> gesagt haben. Trotz etlicher Versuchungen sind die beiden
5 20-jährigen Mädchen bislang standhaft geblieben. Und natürlich sind alle <u>Arbeitskollegen</u>, Freundinnen, Freunde und Familien ziemlich stolz auf die zwei. Leicht war das nicht im-
10 mer – auch für die engsten Freunde nicht. Denn frischgebackene <u>Ex-Raucherinnen</u> brauchen jede Menge <u>Seelenmassage</u> und Einfühlungsvermögen. Da gibt es eher <u>extrovertierte</u> 15 <u>Typen</u> wie Nadine, die gern und ausführlich über ihr Befinden <u>parlieren</u> und den gesamten Freundes- und Kollegenkreis am Auf und Ab des Entzuges teilhaben lassen. Und da gibt es 20 eher <u>introvertierte</u> Typen wie Aline, denen das fehlende <u>Nikotin</u> ganz schön auf die <u>Psyche</u> schlägt. Dennoch, beide Mädchen schwärmen, dass das rauchfreie Leben unbestreit- 25 bare Vorteile habe. Ihr Geruchssinn feiert eine Art Auferstehung, die Anerkennung ist riesengroß und die <u>Motivation</u> ungebrochen.

1 a) Schreibe alle unterstrichenen Wörter aus dem Text untereinander in dein Heft.

b) Kläre ihre Bedeutung mit Hilfe des Wörterbuchs und notiere sie jeweils hinter dem Wort.

c) Ein Wort musst du zunächst zerlegen, bevor du es nachschlagen kannst:

Seelenmassage   Seelen – Massage

Überlege dir eine treffende Begriffserklärung für dieses zusammengesetzte Fremdwort. Erkläre es mit eigenen Worten.

2 Erkläre folgende Wörter. Verwende dazu Wörterbuch und Lexikon. Zerlege zunächst die Wörter.

Zukunftschance   Forschungsmethode   Betriebsklima

Montagehalle   Wintersaison   Reflexbewegung

Satzglieder, Adverbiale

Adverbiale Bestimmung der Zeit (Wann? Wie lange?)	Adverbiale Bestimmung des Ortes (Wo? Wohin?)	Adverbiale Bestimmung der Art und Weise (Wie?)	Adverbiale Bestimmung des Grundes (Warum?)
später, damals, gegen Mittag …	oben, dorthin, auf dem Berg …	sorgfältig, in großer Eile …	notgedrungen, aus Eifersucht …

1 a) Ordne die adverbialen Bestimmungen der folgenden Sätze in die richtigen Spalten der Tabelle ein. Die Fragewörter helfen dir.

Er lebt seit zwei Jahren an der Nordsee.
Wegen des Klimas ist er dorthin umgezogen.

Die Luft bekommt ihm sehr gut.
Er kann jetzt bedeutend besser atmen.

In Frankfurt hatten ihm die Autoabgase schwer zu schaffen gemacht.

Heute ist er froh, dass er damals den Umzug an die See gewagt hat.

b) Bilde mit folgenden Satzgliedern Sätze und verbinde sie zu einem zusammenhängenden Text. Bestimme anschließend alle Satzglieder.

A die großen Ferien   beginnen   in der nächsten Woche

B im August   Simon und seine Eltern   nach Griechenland fahren

C sehr   freut sich   Simon

D wegen des günstigen Preises   sie   fahren
drei Wochen lang

E kann … mitnehmen   dann   sein neues Surfbrett   er

c) Vergleiche mit dem Lösungsteil.

Grundwissen

Textsorten

Erzählung

In Erzählungen gibt es den vom Autor/von der Autorin eingesetzten „Ich-Erzähler", der selbst in das Geschehen verwickelt ist und aus seiner Perspektive erzählt. Zum anderen gibt es den Er-/Sie-Erzähler, der alles zu wissen scheint. Er/Sie beobachtet die Personen von außen, kann sich aber auch jederzeit in ihr Inneres versetzen und ihre Gedanken und Gefühle schildern (innerer Monolog). Das Präteritum ist die typische Zeitform. Manchmal wird ins Präsens gewechselt, um die Spannung zu steigern. **Beispiel: „Todesangst", S. 76 f.**

Kurzgeschichte

Eine Kurzgeschichte ist eine knappe moderne Erzählung. Sie kann folgende Merkmale haben:
- Ein wichtiges Erlebnis im Alltag von zumeist wenigen Personen
- Unvermittelter Einstieg in das Geschehen: Oft ist schon im ersten Satz von einer Person die Rede, die nicht in einer Einleitung vorgestellt wurde.
- Offener Schluss, der die Lesenden zum Nachdenken anregt und meist mit einem Wende- oder Höhepunkt zusammenfällt.

Passend zum Inhalt wird häufig eine Alltagssprache gewählt, die oft durch sehr kurze, leicht verständliche Sätze zum Ausdruck gebracht wird. Meist finden sich Wiederholungen in Wortwahl und Satzbau. In wörtlichen Reden oder inneren Monologen stehen oft umgangssprachliche Ausdrücke. **Beispiele: „Das Brot", S. 64 f., „Nachts schlafen die Ratten doch", S. 68 ff.**

Ballade

Sie besitzt die Form eines Gedichts. Die Geschichte wird oft in dramatischer Form mit Dialogen erzählt.

Fabel

Meist stehen im Mittelpunkt des Geschehens Tiere, denen bestimmte Eigenschaften zugeschrieben werden. Die Tiere denken und handeln wie Menschen, haben meist gegensätzliche Charaktermerkmale und führen Streitgespräche. Zum Schluss kann je nach Handlung und Lehre der Starke zum Schwachen werden. **Beispiel: „Der Löwe und die Füchse", S. 154**

Nachricht

Sie informiert knapp und möglichst sachlich über ein aktuelles Ereignis und sollte die W-Fragen beantworten. Oft steht die zentrale Aussage in einem Vorspann (Lead). **Beispiel: „Parkautomat biss heftigst zu", S. 57**

Bericht

Er geht über eine Nachricht hinaus, da auch Hintergrundfragen angesprochen werden. Er dient in erster Linie der sachlichen Information über ein Ereignis. Ein Bericht sollte sich ohne persönliche Wertungen auf eine möglichst genaue Darstellung des Geschehens beschränken. Meist werden Aussagen wiedergegeben durch wörtliche oder indirekte Rede. **Beispiel: „Hoffnung schwindet in Bam", S. 58**

Reportage

Die Reportage kann als persönlicher Erlebnisbericht bezeichnet werden. Sie ist im Präsens verfasst und hat folgende Merkmale:
- Information über ein aktuelles Thema
- Reporter/Reporterin begibt sich an den Ort des Geschehens und führt Interviews durch
- Persönliches Erleben des Reporters/der Reporterin wird durch gefühlvolle Sprache deutlich
- Persönliche Darstellung des Themas soll zur Meinungsbildung beitragen
- Aussagekräftige Bilder

Kommentar

Der Kommentar vereint sowohl Informationen als auch die persönliche Meinung der Verfasserin/des Verfassers. In einem Kommentar nimmt die Verfasserin/der Verfasser Stellung zu einem aktuellen Tagesereignis. Er erklärt das Ereignis und liefert Hintergrundinformationen. Dabei wird der Sachverhalt nicht neutral dargestellt, sondern von der Verfasserin/dem Verfasser interpretiert und bewertet. Sie/Er begründet ihre/seine Meinung mit Hilfe von Argumenten.
Ein guter Kommentar stimmt die Leserschaft nachdenklich und regt sie an, sich ihre eigene Meinung zu bilden.

Texte schreiben

Briefe

In einem **persönlichen Brief** erzählst oder berichtest du dir bekannten Personen oder du teilst ihnen etwas mit. **Erlebnis, Einladung**

Er enthält:

Ort und Datum	**Augsburg, 12.07.2005**
Anrede	**Lieber Max/Sehr geehrter Herr Huber**
Brieftext	
Grußformel	**Herzliche Grüße dein Leo/** **Mit freundlichen Grüßen**

Schreibst du eine **E-Mail**, dann tippst du in das Feld „An" die E-Mail-Adresse des Empfängers. In das Feld „Betreff" gibst du ein, worum es in deinem Brief geht. In das Feld darunter schreibst du deinen Brief.

In einem **sachlichen Brief** wendest du dich meist an Vereine, öffentliche Einrichtungen oder an Personen, die du persönlich nicht gut kennst. **Antrag**

Er enthält:

Ort und Datum	**Freising, 11.08.2005**
Betreff	**Antrag auf Erlaubnis für ...**
Anrede	**Sehr geehrter Herr Hofer**
Brieftext	
Grußformel	**Mit freundlichen Grüßen**

Du sprichst die Personen mit „Sie" an. Die Anredepronomen der höflichen Anrede werden großgeschrieben: **Sie, Ihre, Ihr, Ihnen.**
Eine Meinung oder ein Anliegen muss begründet werden, um anzukommen. Die Begründungen sollten sinnvoll sein.
Die Sprache sollte höflich und sachlich sein.

Leserbrief

In einem Leserbrief nimmst du zu einem Zeitungsartikel oder aktuellen Thema Stellung. Der Leserbrief gibt dir die Möglichkeit, deine Meinung öffentlich darzustellen.

Er ist wie ein sachlicher Brief aufgebaut.

Nenne zunächst den Anlass für deinen Leserbrief. Lege dann deinen Standpunkt mit überzeugenden Argumenten dar. Fasse zum Schluss deine Argumente zusammen oder schlage eigene Ideen zum Thema vor.

Stellung nehmen

- Sammle und ordne Informationen zum Thema.
- Bilde dir deine Meinung mit Hilfe der Informationen.
- Nenne in der **Einleitung** den Anlass deiner Stellungnahme und das Problem/Thema, zu dem du Stellung nimmst.

  Immer mehr Menschen begeistern sich für Extremsportarten. Deshalb ...

  Es ist die Frage, ob ...

- Vertritt im **Hauptteil** deinen Standpunkt mit überzeugenden Argumenten. Stütze dazu deine Meinung auf Begründungen oder Beispiele.

  Je sinnvoller die Begründungen sind, desto überzeugender sind deine Argumente.

  Meiner Meinung nach ...

  Das lehne ich ab, weil ...

  Ich bezweifle, dass ...

  Ich finde das zu gefährlich, da ...

- Fasse im **Schlussteil** deine Argumente zusammen und formuliere deine Meinung. Du kannst auch eigene Ideen zum Thema vorschlagen.

  Meiner Meinung nach ...

  Ich halte das für richtig, weil ...

Erzählen aus Sicht einer anderen Person

Sammle im Text alle Informationen, die du zu dieser Person und ihrer Situation erhältst. Mache dir ein genaues Bild von der Person.

- Stelle dir diese Person in der Situation so genau wie möglich vor.
- Überlege dir, welche Gedanken, Gefühle und Verhaltensweisen noch zu der Person passen würden.

Einleitung: Führe kurz in die Situation ein und beantworte die W-Fragen.

Hauptteil: Schildere die Gefühle und Gedanken der Person. Schreibe so, dass Lesende sich gut vorstellen können, wie die Person sich in dieser Situation fühlt und warum sie so handelt.

Schluss: Überlege dir einen Schluss, der zu der Person in der dargestellten Situation passt.

Texte zusammenfassen

- **Den Text verstehen:** Lies den Text langsam und aufmerksam. Schwierige Stellen kannst du zweimal lesen. Kläre unbekannte Wörter: bei Sachtexten vor allem Fremdwörter und Fachbegriffe, bei literarischen Texten vor allem selten vorkommende Wörter, Redewendungen, Sprichwörter und Wortbilder.

- **Den Text zusammenfassen:** Teile den Text zunächst in Abschnitte ein. Ein Abschnitt beginnt, wenn über ein neues Thema geschrieben wird oder bei einem Orts- oder Zeitwechsel. Fasse dann die Abschnitte in ein bis zwei Sätzen zusammen. Verwende das Präsens. Verbinde schließlich die Sätze zu einem knappen Text.

- **Den Text überprüfen:** Werden alle W-Fragen beantwortet?

- **Eine Einleitung schreiben:** Die Einleitung muss Titel und Verfasser des Textes enthalten sowie einen kurzen Überblick über den Inhalt des Textes geben: Worum geht es? Bei Sachtexten müssen die Quelle (z. B. der Name der Zeitung) und das Erscheinungsdatum genannt werden.

Berichten

Gib einen Sachverhalt oder ein Geschehen wahrheitsgemäß und genau wieder. Beantworte knapp und sachlich möglichst alle W-Fragen.

Wer? Was? Wo? Wie? Wann? Warum?

Zum Beispiel: Berichte über Projektarbeit oder einen Ausflug.

Berichte **in der richtigen Reihenfolge** über eine Sache oder ein Geschehen.

Schreibe im **Präteritum.**

Beschreiben

Als Vorgänge kannst du z. B. Spiel- oder Bastelanleitungen, Rezepte oder Versuche beschreiben.

Da die Vorgänge wiederholbar sind, verwende das **Präsens.**

Teile dem Leser auch mit, welche **Materialien** er benötigt.

Schreibtipps:

Achte auf die richtige **zeitliche und logische Reihenfolge.**

Begründe wichtige Schritte.

Verwende die Satzanfänge abwechslungsreich.

Zum Beispiel: **Zuerst, danach, anschließend, zuletzt**

Schreibe bei Versuchen auf, was du an Neuem erfahren hast.

Formuliere auch Erklärungen für die Beobachtungen.

Richtig schreiben

Schreibweisen

Großschreibung	
Man schreibt groß:	
● Satzanfänge:	Heute gehen wir schwimmen.
● Eigennamen:	Lisa, Daniel, Familie Müller
● Nomen:	das Haus, ein Buch, die Katze
● Anrede von Personen, die man siezt:	Sie, Ihre, Ihr, Ihnen
● Zeitangaben nach gestern, heute, morgen:	morgen Vormittag, heute Abend, gestern Nachmittag
● als Nomen gebrauchte Verben und Adjektive:	das Schwimmen, beim Rudern, viel Neues, das Gute
Nomen kannst du erkennen:	
● am Artikel:	**die** Liebe, **ein** Hund
● an der Präposition mit verstecktem Artikel:	**im** (in dem) Boot, **beim** (bei dem) Bäcker
● am Possessivpronomen (besitzanzeigenden Fürwort):	**mein** Vater, **unser** Auto
● am Demonstrativpronomen (hinweisenden Fürwort):	**diese** Karte, **dieses** Strahlen, **dieser** Hefter
● an Zahlwörtern (Numeralien):	**viele** Kinder, **manches** Interessante
● an bestimmten Nachsilben:	die Werb**ung**, die Bereit**schaft**, die Frei**heit**, die Übel**keit**, das Erleb**nis**

Schreibweisen langer Vokale

Meistens schreibt man den

einfachen Vokal: Wagen, Tor, tun, Esel

- Ein langer Vokal wird oft
  mit **h** geschrieben: fahren, Lehm, Kohle, kühl
- Die Länge wird bei manchen
  Wörtern durch die **Verdoppelung**
  des Vokals gekennzeichnet: Aal, Schnee, Zoo
- Das lange **i** wird meistens **ie**
  geschrieben: Riese, ziemlich, gießen
  Ausnahmen: ihr, ihm, ihnen, Igel,
                                      gib (Befehlsform von geben)

Schreibweisen nach kurzen Vokalen

Nach **kurzem betontem** Vokal
folgen in der Regel **zwei** oder

mehrere Konsonanten: Bank, sonst, gern, Sumpf

- Nach einem **kurzen betonten**
  Vokal folgt oft ein **doppelter**
  Konsonant: Affe, lassen, hoffen, Tipp
- Für Doppel-k steht oft **ck:**   packen, Hocker
- Für Doppel-z steht oft **tz:**   Hitze, Katze

Schreibweisen leicht verwechselbarer Laute

Manche Laute klingen ähnlich:

- **d** und **t, g** und **k, b** und **p**
  Die richtige Schreibweise
  findest du, indem du das Wort   Rad – Räder, stark – stärker,
  verlängerst: Korb – Körbe, sie rät – raten
- **ä** oder **e, äu** oder **eu**
  Hier findest du die richtige   sie läuft – laufen,
  Schreibweise, indem du ein   Räuber – rauben,
  verwandtes Wort suchst: Gläser – Glas, läuten – laut
- **Doppel-s** steht nur nach
  kurzem betontem Vokal: Tasse, Wissen, Biss, sie küsst
- **ß** steht nur nach **langem**
  Vokal oder **Doppellaut**
  (au, äu, ai, ei, eu):   heißen, Ruß, Gruß, sie grüßt

Erdkundliche Namen und Eigennamen

Adjektive, die zu einem erdkundlichen Namen oder Eigennamen gehören, werden **großgeschrieben:**	**Rotes** Meer, **Atlantischer** Ozean, **Kölner** Dom, **Schiefer** Turm von Pisa, Karl der **Große**
Von erdkundlichen Namen abgeleitete **Adjektive auf -er** werden **großgeschrieben:**	Hamburger Hafen, Nürnberger Lebkuchen, Dresdener Stollen
Von erdkundlichen Namen abgeleitete **Adjektive auf -isch** werden **kleingeschrieben,** wenn sie nicht zu einem Namen gehören:	ungarische Salami, französischer Wein, spanische Orangen; aber: Atlantischer Ozean

Getrennt- und Zusammenschreibung

Die **meisten Verbindungen aus Nomen und Verb** werden **getrennt** geschrieben:	Rad fahren, Not leiden, Angst haben, Eis essen
Aber zusammengeschrieben werden z. B.:	leidtun, schlafwandeln, handarbeiten, bergsteigen
Verbindungen aus Verb und Verb werden meist **getrennt** geschrieben:	spazieren gehen, liegen lassen, stecken bleiben
Verbindungen aus Adjektiv und Verb werden meist **getrennt** geschrieben:	besser verdienen, richtig machen, klar denken
Tipp: Im Zweifelsfall getrennt schreiben!	

Trennung

Einsilbige Wörter kann man nicht trennen:	Au, oft

Wörter trennt man:
- nach **Sprechsilben:** Er-leb-nis, Rit-ze
- zwischen ihren **Wortbausteinen:** Schlaf-lied, Haus-flur

Buchstabenverbindungen, die für einen Konsonanten stehen, werden nicht getrennt:
ch, sch, ck: su-chen, wa-schen, ba-cken

Fremdwörter

Fremdwörter werden meistens nach ihrer Herkunftssprache geschrieben:	der Computer, das Training, die Jeans, die Regie
Viele Fremdwörter wurden in Aussprache und Schreibung der deutschen Sprache angepasst. Beide Schreibweisen sind möglich:	Friseur – Frisör, Delphin – Delfin
Verben auf **-ieren** schreibt man mit **ie:**	fotografieren, kontrollieren, notieren

Adjektive haben häufig folgende **Endungen:**

-iell:	finanziell, prinzipiell
-ant:	tolerant, ignorant
-al:	national, funktional
-iv:	kooperativ

Kommasetzung

Ein Komma setzt man bei **Auf-zählungen,** wenn sie nicht mit **und** oder mit **oder** verbunden sind:	Zur Feier kommen Freunde, Nachbarn und Verwandte.
Ein Komma steht **zwischen Hauptsätzen:**	Inken spielt Basketball, aber sie schwänzt oft das Training.
Bei der Verbindung mit **und** oder mit **oder** kann das Komma in der Satzreihe entfallen:	Inken spielt morgen Basketball oder sie trifft sich mit ihrer Freundin.
Ein Komma steht zwischen **Hauptsatz** und **Nebensatz:**	Ich fahre in die Stadt, da ich eine CD kaufen möchte.
Das Komma trennt **nachgestellte zusätzliche Erklärungen** und **Einschübe** ab:	Das ist Anna, meine Schwester. Anna, meine Schwester, ist zwei Jahre älter.

Wörtliche Rede

Zeichensetzung bei der **wörtlichen Rede:**

Begleitsatz vorne:

⁓⁓⁓: „〜〜〜!"	Lydia rief: „Komm doch mit!"
⁓⁓⁓: „〜〜〜."	Lydia sagte: „Ich komme mit."
⁓⁓⁓: „〜〜〜?"	Lydia fragte: „Kann ich mitkommen?"

Begleitsatz hinten:

„〜〜〜?", ⁓⁓⁓.	„Nehmt ihr mich mit?", fragte Lydia.
„〜〜〜", ⁓⁓⁓.	„Ich komme mit", sagte Lydia.
„〜〜〜!", ⁓⁓⁓.	„Komm jetzt!", rief Lydia.

Begleitsatz in der Mitte:

„〜〜", ⁓⁓⁓, „〜〜."	„Heute", sagte Lydia, „komme ich mit."
„〜〜", ⁓⁓⁓, „〜〜?"	„Vielleicht", fragte Lydia, „willst du mitkommen?"
„〜〜", ⁓⁓⁓, „〜〜!"	„Am besten", rief Lydia, „gehen wir beide!"

Sprache untersuchen

Wortarten

Nomen (Namenwort)

Nomen (Substantive) benennen
Lebewesen, Gegenstände,
Vorstellungen:

der Vogel, das Auto,
die Wahrheit

Sie können im **Singular** (Einzahl)
und im **Plural** (Mehrzahl) stehen.

Sie können in vier **Fälle** (Kasus)
gesetzt werden:

		Singular	Plural
Nominativ (1. Fall)	„Wer?" oder „Was?"	der Vogel	die Vögel
Genitiv (2. Fall)	„Wessen?"	des Vogels	der Vögel
Dativ (3. Fall)	„Wem?"	dem Vogel	den Vögeln
Akkusativ (4. Fall)	„Wen?" oder „Was?"	den Vogel	die Vögel

Artikel (Begleiter)

Der **Artikel** ist der Begleiter des Nomens.
Man unterscheidet:

- den **bestimmten** Artikel (der, die, das): **der** Mensch, **die** Maus, **das** Buch

- den **unbestimmten** Artikel (ein, eine, ein): **ein** Hut, **eine** Katze, **ein** Pferd

Pronomen (Fürwort)

Das **Pronomen** ersetzt meist
ein Nomen, z. B. ein **Personalpronomen**
(persönliches Fürwort):

ich, du, er/sie/es,
wir, ihr, sie

Oder es begleitet ein Nomen,
z. B. ein **Possessivpronomen**
(besitzanzeigendes Fürwort):

mein Haus, **dein** Haus,
sein Haus/**ihr** Haus,
unser Haus, **euer** Haus,
ihr Haus

Pronomen (Fürwort)

Wer auf eine bestimmte Sache
oder auf Personen hinweisen will,
gebraucht **Demonstrativpronomen**
(hinweisende Fürwörter):

Suchst du **diese** Tasche?

Als Demonstrativpronomen
werden verwendet:

dieser, diese, dieses,
der, die, das ...

Wörter wie **man, jemand, niemand ...**
zählen zu den **Indefinitpronomen**
(unbestimmten Pronomen):

Jemand hatte die Tasche
gestohlen.

Relativpronomen

Relativpronomen verbinden den
Relativsatz (Nebensatz) mit
einem Nomen oder Pronomen:

Der Dieb, **der** am Sonntag in die
Villa eingebrochen war, konnte
gefasst werden.

Relativpronomen richten sich
im Numerus (Singular oder Plural) und im grammatischen Ge-
schlecht (männlich, weiblich oder
sächlich) nach dem Bezugswort:

Der Dieb, **dem** auch noch weitere
Einbrüche nachgewiesen werden
konnten, sitzt nun für lange Zeit
im Gefängnis.

Relativpronomen sind:

der, die, das;
welcher, welche, welches;
was

Verb (Tätigkeitswort)

Das **Verb** gibt an, was ist, was geschieht
oder was jemand tut.

Der **Infinitiv** ist die Grundform des Verbs: heißen, wachsen, spielen

Das Verb kann in unterschiedlichen
Zeitformen stehen, z. B.:

	Präsens	Präteritum	Perfekt
ich	gehe	ging	bin gegangen
du	gehst	gingst	bist gegangen
er/sie/es	geht	ging	ist gegangen
wir	gehen	gingen	sind gegangen
ihr	geht	gingt	seid gegangen
sie	gehen	gingen	sind gegangen

	Plusquamperfekt	Futur
ich	war gegangen	werde gehen
du	warst gegangen	wirst gehen
er/sie/es	war gegangen	wird gehen
wir	waren gegangen	werden gehen
ihr	wart gegangen	werdet gehen
sie	waren gegangen	werden gehen

Verbformen im **Aktiv** heben den
„Täter" einer Handlung hervor: **Alex** putzte das Fahrrad.

Mit Verbformen im **Passiv** wird
das Geschehen betont: Das Fahrrad **wurde** (von Alex)
geputzt.

Das Passiv wird mit **werden**
(wird, wurde, ist ... worden)
und einer Verbform gebildet:

	Präsens	Präteritum
das Fahrrad	wird geputzt	wurde geputzt
	Perfekt	**Plusquamperfekt**
	ist geputzt worden	war geputzt worden
	Futur	
	wird geputzt werden	

Verb: Konjunktiv und Indikativ

Die Wirklichkeitsform des Verbs wird **Indikativ** genannt. Sie drückt aus, dass das Geschriebene oder Gesagte als wahrscheinlich, wirklich angesehen wird: Die Indikativformen sind die Verbformen, die am häufigsten verwendet werden.

Viele **freuen** sich, wenn es Weihnachten schneit.

Um auszudrücken, was man sich nur vorstellt oder wünscht, benutzt man oft besondere Verbformen. Diese Verbformen werden **Konjunktiv** genannt:

Ich **ginge** gern ins Kino, wenn ich Zeit **hätte.**
Wäre er pünktlich, **könnten** wir beginnen.

Konjunktiv (besonders Konjunktiv I) benutzt man in der **indirekten Rede,** um anderen zu berichten, was jemand gesagt hat:

Philipp sagte, dass er Lust **habe,** schwimmen zu gehen.

Der Konjunktiv I wird vom Präsens, der Konjunktiv II vom Präteritum abgeleitet:

Konjunktiv I	Konjunktiv II
ich gehe	ich ginge
du gehest	du gingest
er/sie/es gehe	er/sie/es ginge
wir gehen	wir gingen
ihr gehet	ihr ginget
sie gehen	sie gingen

Philipp meinte, er **gehe** ins Kino. Sein Freund **ginge** mit, wenn er Zeit hätte.

Besonders in der Umgangssprache werden die Konjunktivformen oft durch Umschreibungen mit **würde** ersetzt:

Philipp meinte, er **würde** ins Kino gehen.

Adjektiv (Eigenschaftswort)

Das **Adjektiv** beschreibt, wie Lebewesen, Gegenstände, Vorgänge oder Tätigkeiten sind:	der **alte** Baum, ein **rotes** Auto, der **starke** Regen

Adjektive können **gesteigert** werden:

Grundstufe:	arm
1. Steigerungsform: (Vergleichsstufe/Komparativ)	ärmer
2. Steigerungsform: (Höchststufe/Superlativ)	am ärmsten

Präposition (Verhältniswort)

Die **Präposition** zeigt, wie Lebewesen und Dinge zueinander im Verhältnis stehen.	Die Schuhe liegen **unter** dem Tisch. Sie kommt **um** 9 Uhr. Wir treffen uns **bei** dir.
Nach Präpositionen steht auf die Frage „Wo?" der Dativ,	Der Stift liegt auf **dem Stuhl.**
auf die Frage „Wohin?" der Akkusativ:	Ich habe ihn auf **den Stuhl** gelegt.

Adverb (Umstandswort)

Ein **Adverb** (Plural: Adverbien) macht Angaben zu **Ort, Zeit, Art und Weise** oder **Grund:**	dort, morgen, gern, vorsichtshalber

Numerale (Zahlwort)

Zahlwörter (Plural: Numeralien) verwendet man zum Messen, Abzählen und für Mengenangaben.	
Zahlwörter sind z. B.:	ein(s), zwei, achte(r) …
Unbestimmte Zahlwörter sind z. B.:	alle(s), manche(s), mehrere; **viel** Geld, **wenig** Neues, **alles** Gute

Konjunktion (Bindewort)

Eine **Konjunktion** verbindet Wörter, Satzteile und Sätze miteinander:

heute **oder** morgen,
Mäuse **und** Ratten,
Tom war überglücklich, **weil** Birgül sich endlich mit ihm treffen wollte.

Konjunktionen **in der Satzreihe:**

Ein Mechatroniker muss vielseitig sein, **denn** er übt viele verschiedene Tätigkeiten aus.

Die Hauptsätze sind gleichrangig und nebengeordnet.

Nebenordnende Konjunktionen in der **Satzreihe:**

... und ...
... oder ...
..., aber ...
..., denn ...
..., sondern ...
..., doch ...

Konjunktionen **im Satzgefüge:**

Ein Mechatroniker muss vielseitig sein, **weil** er viele verschiedene Tätigkeiten ausübt.

Der Nebensatz ist dem Hauptsatz untergeordnet.

Unterordnende Konjunktionen am Beginn von **Nebensätzen:**

ob, dass, wenn, weil als, damit, indem, nachdem, seitdem, obwohl, sodass, anstatt dass ...

Satzglieder

Subjekt	
Das **Subjekt** gibt an, wer oder was etwas tut (Frage: „**Wer?**" oder „**Was?**"):	**Die Leute** schimpfen. **Der Hund** bellt.

Prädikat	
Das **Prädikat** gibt an, was er/sie/es … tut oder was geschieht:	Das Mädchen **lacht.** Es **regnet.**

Objekt	
Das **Objekt** ist eine Ergänzung des Verbs. Ein Objekt kann stehen:	
im **Dativ** (3. Fall)	
⟶ Frage: „**Wem?**"	Der Ball gehört **dem Kind.**
im **Akkusativ** (4. Fall)	
⟶ Frage: „**Wen?**" oder „**Was?**"	Er bringt **den Eimer.**

Adverbiale Bestimmungen (zusätzliche Angaben)		
Adverbiale Bestimmungen (zusätzliche Angaben) liefern weitere Informationen:		
zur **Zeit** (temporal)	⟶ „**Wann?**"	**Am frühen Morgen** fahren wir los.
zum **Ort** (lokal)	⟶ „**Wo?**"	Wir treffen uns **an der Bushaltestelle.**
zum **Grund** (kausal)	⟶ „**Warum?**"	**Wegen einer Panne** bin ich zu spät.
zur **Art und Weise** (modal)	⟶ „**Wie?**"	**Mit Riesenschritten** renne ich dem Bus hinterher.

Satzarten

Satzarten	
Aussagesatz:	Hanna arbeitet im Garten.
Fragesatz:	Hast du das schon gewusst?
Aufforderungssatz:	Komm sofort her!
Ausrufesatz:	Das ist ja schrecklich!

Hauptsatz

Ein einfacher Hauptsatz ist ein selbstständiger Satz.

Felix lachte.

⬇ ⬇

Subjekt **Prädikat**

Er braucht nur zwei Satzglieder: **Subjekt** und **Prädikat.**

Der erweiterte Hauptsatz enthält neben Subjekt und Prädikat noch andere Satzglieder:

Objekte:

Sina gibt ihrem Freund ein Geschenk.

⬇ ⬇ ⬇ ⬇

Subj. **Präd.** **Dativ-objekt** **Akkusativ-objekt**

Adverbiale Bestimmungen (zusätzliche Angaben):

Sie feiern am Sonntag.

⬇ ⬇ ⬇

Subj. **Präd.** **adverbiale Bestimmung**

Relativsatz

Der **Relativsatz** enthält eine ergänzende Information zu einem Nomen oder Pronomen:

Ich kaufe das Buch, **das** meine Freundin mir empfohlen hat.

Der Relativsatz wird durch ein **Relativpronomen** eingeleitet:

der, die, das; welcher, welche, welches; was

Nebensatz

Ein **Nebensatz** kann in der Regel nicht
allein stehen, er braucht die Verbindung
mit einem Hauptsatz:

Wir nehmen den Bus,
weil es regnet.

Das Prädikat steht am Ende des
Nebensatzes.
Meist wird der Nebensatz mit einer
Konjunktion eingeleitet:

Felix lachte, **nachdem** er
Sina erkannt hatte.

Satzgefüge

Eine Verbindung von Haupt- und
Nebensatz heißt **Satzgefüge:**

Weil so schönes Wetter ist,
stehe ich früh auf.

Zwischen Haupt- und Nebensatz
steht ein **Komma.**

Satzreihe

Bei einer **Satzreihe** werden Hauptsätze
miteinander verbunden.
Diese Satzverbindungen können mit
oder ohne Konjunktionen gebildet
werden:

Das Wetter ist schön, ich
stehe früh auf.

Bei der Verbindung mit **und** oder mit
oder kann das Komma entfallen:

Das Wetter ist schön und
ich stehe früh auf.

Umstellprobe

Wörter oder Wortgruppen, die bei der Umstellung zusammenbleiben, sind jeweils ein Satzglied. Durch die Umstellprobe kann man Satzanfänge verändern, aber auch den Sinn des Satzes, da sich die Betonung ändert.

Die Sonne schien gestern den ganzen Tag.

Den ganzen Tag schien gestern die Sonne.

Gestern schien die Sonne den ganzen Tag.

Ersatzprobe

Durch die **Ersatzprobe** kann man feststellen, welcher Ausdruck am besten passt:	Sie **sagte** wütend ... Sie **stieß** wütend **hervor** ... ...

Erweiterungsprobe

Mit der Erweiterungsprobe kann man feststellen, wie man etwas genauer oder deutlicher beschreiben kann:	Sie unternahmen eine Bergtour. Sie unternahmen eine **anstrengende** Bergtour, **die über viele schwierige Stellen führte.**

Weglassprobe

Mit der **Weglassprobe** kann man prüfen, was überflüssig ist:	Die Katze hatte ein ~~insgesamt fast~~ schwarzes Fell mit weißen Pünktchen. Die Katze hatte ein schwarzes Fell mit weißen Pünktchen.

Text- und Bildquellen

Textquellen:

S. 8: So schön wie Nofretete. Aus: Fränkischer Tag vom 16.10.2004. **S. 9:** Verheerende Folgen ... Aus: ebda. Viele Schönheitsoperationen ... Aus: ebda. Jung lehnt daher ... Aus: Fränkischer Tag vom 4.12.2004. Wer gut aussieht ... . Aus: Gerlinde Felix, Katrin Hoerner: Der Traum vom perfekten Körper. Aus: focus.msn.de/D/DG/DGC/DGC06/dgc06.htm. **S. 20:** Großer Rausch aus kleiner Tüte. Aus: Fränkischer Tag vom 3. Juni 2005. **S. 57:** Parkautomat biss heftigst zu. Aus: Nürnberger Nachrichten vom 7.5.1997 **S. 58:** Hoffnung schwindet in Bam. Aus: Badische Zeitung vom 29.12.2003. **S. 60:** Schönheitsoperation: Schlaf nur noch mit offenen Augen. Aus: Amberger Zeitung vom 17.11.2004. **S. 64 f.:** Wolfgang Borchert: Das Brot. Aus: Borchert: Das Gesamtwerk. Rowohlt Verlag, Reinbek bei Hamburg 1985. **S. 68 ff.:** Wolfgang Borchert: Nachts schlafen die Ratten doch. Aus: ebda. **S. 73:** Heinrich Böll: Die Stimme Wolfgang Borcherts. Aus: Essayistische Schriften und Reden 1. Kiepenheuer & Witsch, Köln 1979. **S. 74 f.:** Georg Britting: Brudermord im Altwasser (Auszug). Aus: Die kleine Welt am Strom. Sämtliche Werke. List, München 1987–1996, Bd. 3/I, S. 20. **S. 75:** S. Lagerlöf: Es gibt immer einen Ausweg. Aus: Selma Lagerlöf. Die wunderbaren Reisen des kleinen Nils Holgersson mit den Wildgänsen. Nymphenburger Verlagsbuchhandlung, München 1948. **S. 76 f.:** Wolfgang Pramper (nach einer Idee von Olaf Sölmund): Todesangst. Aus: Magazin 7/Arbeitsheft. Cornelsen Verlag, Berlin 2000. **S. 80 f.:** Monika Seck-Agthe: Mein Bruder hat grüne Haare. Aus: Das Rowohlt Rotfuchs Lesebuch. Rowohlt Verlag, Reinbek bei Hamburg 1983. Alle Rechte bei der Autorin **S. 84:** Am Salzsee. Nach: Arno Stoffels, ebda. **S. 86:** Salt Lake City. Microsoft® Encarta®Online Enzyklopädie 2002 (http://encarta.msn.de). © 1997–2002 Microsoft Corporation. Young und sein Gefolge ... Nach: Arno Stoffels, ebda. **S. 90:** Las Vegas. Spielerstadt auf Sand. Nach: Gerhard Waldherr: Echt falsch. Geo Special Nr. 3/2000, Gruner + Jahr, Hamburg 2000, S. 72–82. **S. 91:** Eine sehr amerikanische „Verbesserung" der Welt. Nach: Gerhard Waldherr, ebda. **S. 92:** Peter Aleshire: Ein Versuch, die Uhren zurückzustellen (gekürzt). Aus: Geo Special Nr. 6/1998. Gruner + Jahr, Hamburg 1998, S. 34 f. **S. 94:** Peter Stamm: Das schönste Mädchen. Aus: Ders.: Blitzeis. Arche Verlag, Zürich/Hamburg 1999, S. 77 f. **S. 98:** Big Daddy: Big Brother und Co. Aus: Online-Angebot der Schülerzeitung DEPP der Raoul-Wallenberg-Oberschule. Printausgabe DEPP vom 20.11.2000. **S. 96:** Paul-Josef Raue: Mit Sport durch die Freizeit zappen (Titel geändert). Aus: PZ Nr. 94. Hrsg. von der Bundeszentrale für politische Bildung, Bonn, in Zusammenarbeit mit der Arbeitsgemeinschaft Jugend und Bildung e.V., Wiesbaden, 6/1998. **S. 100 ff.:** Brigitte Blobel: Es geschah auf dem Heimweg ... Aus: Meine schöne Schwester. Aare Verlag/Sauerländer AG, Aarau 1989, S. 5 ff. **S. 110:** Der Hammer im Netz. Aus: Nürnberger Nachrichten vom 3.9.2003. S. 17. **S. 114:** Nach verdeckt eingeleiteten ... Aus: Bundeszentrale für gesundheitliche Aufklärung. Gesundheit und Schule. Arzneimittel. Material für die Suchtprävention in den Klassen 5–10. Köln 2003, S. 150. Der weißrussische ... Aus: ebda. Die schon Ende ... Aus: ebda. **S. 115:** Doping – nicht nur im Spitzensport ein Problem. Nach: ebda., S. 37. **S. 130:** Dummer Esel? Irrtum! Frei nach: Das neue Lexikon der populären Irrtümer. Hrsg. von Walter Krämer, Götz Trenkler u. Denis Krämer. Piper Verlag, München 2000, S. 92 f. **S. 131:** Hamburger, weil „ham" (Schinken) verarbeitet ist? Irrtum! Frei nach: Lexikon der populären Irrtümer. Hrsg. von Walter Krämer u. Götz Trenkler. Eichborn Verlag, München 1998, S. 135. **S. 132:** Rote Autos fallen am stärksten ins Auge? Denkste! Frei nach: Das neue Lexikon der populären Irrtümer. Hrsg. von Walter Krämer, Götz Trenkler u. Denis Krämer. Piper

Verlag, München 2000, S. 281. **S. 133:** Indianer haben rote Haut   noch ein Irrtum! Frei nach: Lexikon der populären Irrtümer. Hrsg. von Walter Krämer u. Götz Trenkler. Eichborn Verlag, München 1998, S. 151. **S. 134:** Affen haben viele Läuse – Irrtum! Frei nach: ebda. **S. 134:** Ein gekochtes Ei passt durch einen engen Flaschenhals? Frei nach: Lexikon der populären Irrtümer. Hrsg. von Walter Krämer u. Götz Trenkler. Eichborn Verlag, München 1998, S. 84. **S. 140:** Mit JOBLAB Alternativen finden. Aus: Rheinpfalz, Nr. 24, vom 29.1.2002. Ludwigshafen. **S. 142:** Station. Aus: Duden Fremdwörterbuch. Mannheim, Bibliographisches Institut & F. A. Brockhaus, 7. Aufl. o. J., S. 945. **S. 150:** Wahr oder erfunden? Aus: Das große Buch der kleinen Missgeschicke aus Presse, Funk und Fernsehen. Bernd Ellermann-Rake Verlag, o. O. 2001, S. 69 f. **S. 154:** James Thurber: Der Löwe und die Füchse. Aus: 75 Fabeln für Zeitgenossen. Rowohlt Verlag, Reinbek 1967. **S. 155:** Als ich zum Eisernen Steg kam ... Aus: Christopher Leach: Und morgen in Atlantis. Thienemanns Verlag, Stuttgart 1974. **S. 158:** Tanz auf den Wellen. Nach: Junior – Kundenzeitschrift aus der Apotheke, Juli 1993, S. 2. Jedes Jahr im Sommer ... aus: Junior – Kundenzeitschrift aus der Apotheke, Februar 1985, S. 14. **S. 160:** Mineral- und Fossiliensuche. Nach: David Lambert: Alles über die Erde. Arena Verlag, Würzburg 1989. Auch Pflanzen können Fieber haben. Aus: Das große Buch zum Staunen. Überraschendes und Wissenswertes aus allen Wissensgebieten zusammengestellt von Roland Michael. Praesentverlag Heinz Peter, Gütersloh 1980, S. 104. **S. 161:** Körpersprache: Erfolg des Bewerbungsgespräches kann davon abhängen. Überarbeitet nach: Münchner Merkur, Nr. 163, vom 18.7.1997. KFZ-Elektriker. Anzeige aus: Stuttgarter Nachrichten vom 5.8.1995. **S. 176:** Klebriges Chaos. Nach: Nürnberger Nachrichten vom 18.8.2004.   Tapfere Mädchen. Nach: Rhein-Neckar-Zeitung vom 5.3.2004.

Bildquellen:

Titelfoto: Thomas Schulz, Hohen Neuendorf
Titelillustration: Sylvia Graupner, Annaberg
Illustrationen: S. 23, 36, 48, 153: Lisa Smith, Berlin.
S. 56, 84, 85: Petra Ballhorn, Berlin. **S. 64, 68–71, 74, 75, 95–97:** Sylvia Graupner, Annaberg. **S. 109:** Johanna Bäumer, Berlin. **S. 139:** Franz Zauleck, Berlin.
Abbildungen: S. 8: Michael Lange/Agentur Focus.
S. 10–13, 22, 24, 26, 28, 32, 34, 37, 38, 42, 43, 46, 48, 49: Thomas Schulz, Hohen Neuendorf
S. 15: picture-alliance, Frankfurt M.
S. 58: Foto: AFP/E-Lance-Media.
S. 65: Süddeutscher Verlag, Bilderdienst, München.
S. 67: akg-images, Berlin.
S. 73: oben: AKG, Berlin; unten links: ©Suhrkamp Verlag, Frankfurt/M.; unten rechts: Cornelsen Verlag Scriptor, Berlin. Umschlagentwurf: Vera Bauer, Berlin
S. 84, 91, 120: picture-alliance/dpa, Frankfurt/M.
S. 86: www.encartaonline.de.
S. 105: Buchcover: Meine schöne Schwester. Arena Verlag, Würzburg 2001.
S. 107, 108: Martin Horneber, Roßtal.
S. 110, 116: Globus Infografik GmbH, Hamburg.
S. 114: Bongarts, Hamburg.
S. 117: Cartoon-Caricature-Contor, München.
S. 124: BPK, Berlin.
S. 131: images.de/Giribas.
S. 137: argus/Schwarzbach.
S. 151: www.bilderbox.com.
S. 161: Peter Kunz, Berlin.
S. 168: picture-alliance/dpa, Frankfurt/M.
S. 170: OKAPIA KG/Herbert Schwind, Germany

Nicht in allen Fällen war es uns möglich, die Rechteinhaber ausfindig zu machen. Berechtigte Ansprüche werden im Rahmen der üblichen Vereinbarungen abgegolten.

Lösungen

S. 124, 1) aus **schwarzem** Samt, Haupt**p**latz, spa**z**ierte, sonder**bar**es **A**ussehen, **N**eugierige, **er**boste Bürger, ver**g**riffen, ze**rr**issen, schlie**ß**lich, Delikatessengeschäft, Menschen**m**enge, **a**bends, in **B**egleitung, **ver**lassen, ver**f**olgt, fü**h**rende, da**ss**, akzep**ti**eren

S. 128, 2 a) We**tt**bewerbe, soda**ss**, das **M**itmachen, teilnehmen, schlie**ß**lich, ma**n**

S. 129, 3 a) Einnahmen – einnicken, **spaßeshalber** – umständehalber, **ebenso** – genauso, **eigenwillig** – eigenständig, **Gewohnheit** – Sicherheit, **deshalb** – deswegen, **einlässt** – verlässt

S. 137, Test: Groß- und Kleinschreibung
1 b) pro Saison ... in ihren Fangkörben ... ein paar hundert Exemplare ... in so großer
Anzahl ... das Fangen der begehrten Delikatesse ... diese Idee ist nichts Ungewöhnliches ... das
ehrgeizige Vorhaben ... durch den weltweiten Ausstoß von Kohlendioxid ... die zunehmende Erderwärmung ... bei zu hohen Temperaturen ... zu früh im Jahr ... noch nicht genügend Kraft ... ihre mikroskopisch kleine Beute ... schwimmen nach dem
Schlüpfen ... finden keine Nahrung ... zur leichten Beute von Fischen
2) das **ganze** Ausbildungsangebot, ins **Unendliche**, in die **Tiefe**, ein **neues** Gerät, viel
Interessantes, im **Dunkeln**

S. 140, Station 1
Alternativen, CD-ROM, Informationstechnik, Telekommunikationstechnik, Chancen,
Computerprogramm, multimedial, Programm, Regionen, Republik, Fax, E-Mail, Internet, Interessen,
flexible, Konditionen, optimal, kombinieren, simuliert, Situationen,
Userinnen, Alternativen, Interessierte, kreativ, informieren, technisch, interessieren,
Ingenieur, Telekommunikation, Medien

S. 141, Station 3
a) frisieren – der Friseur, soufflieren – der Souffleur, massieren – der Masseur, chauffieren – die
Chauffeurin, kontrollieren – die Kontrolleurin, spedieren – der Spediteur

S. 141, Station 4
b) -iell: prinzipiell, finanziell, industriell   -ant: interessant, tolerant
    -al: national, saisonal, regional, diagonal, funktional   -iv: kooperativ
d) substanziell (auch: substantiell), existenziell (auch: existentiell)

S. 142, Station 6
b) z. B.: Sie wollen in München **Halt** machen. Er wurde in die **Abteilung** 3 des Krankenhauses gebracht. Der Meister hat den ganzen Ablauf **im Griff**. Er ist für die **Überprüfung** der Maschinen zuständig. Das Fass hat ein **Fassungsvermögen** von 1000 Litern. Die **Leistungsfähigkeit** der Frühschicht ist erschöpft.

S. 143, Station 7
1 a) z. B.: **modern (frz.):** der Mode entsprechend, zeitgemäß – **Stil (ital., frz., lat.):**
besonderes Gepräge einer menschlichen Lebensweise – **zentral (lat.):** im Mittelpunkt (gelegen),
hauptsächlich/wesentlich – **Patient (lat.):** Kranker in ärztlicher Behandlung – **Mechaniker (lat.,
griech.):** Facharbeiter im Metallgewerbe für feine und schwierige Arbeiten; Facharbeiter, der Maschinen in Stand hält – **technisch (frz., griech.):** die Art und Weise der Herstellung betreffend – **Knowhow (engl.):** das Wissen um die Durchführung einer Sache, das „Gewusst-Wie" – **innovativ (lat.):**
erneuernd, einfallsreich – **Qualifikation (frz., lat.):** Ausbildung/Fähigkeit

S. 144, Station 8
1 a) Text 1: Praktikum, Chance, Spektrum, Aspekt, monoton, Impulse, informieren,
Praktikum, Innenarchitekt, Atmosphäre, Konditor, Pralinen, Appetit
Text 2: Anteilnahme, Mädchen, Friseur, Verfahren, Färben, neu, Schönheitspflege-Entwicklung, Anregungen, Berufsübungsplatz, Apothekenhelferin, Beliebtheit, Kundendienst, gut ausgebildet, schöpferisch, Gruppe/Mannschaft, Nutzen haben

S. 145, Test: Fremdwörter
1) akzeptieren, korrekt, aktuell

2)

	-ell oder -iv (Adjektiv)	-tion (Nomen)	-ieren (Verb)
der Kooperator	kooperativ	die Kooperation	kooperieren
der Informant	informativ	die Information	informieren
der Konstrukteur	konstruktiv	die Konstruktion	konstruieren
der Produzent	produktiv	die Produktion	produzieren

3a) …informationen, serviert, Kommentator, Tour, Experte, profitiert, präsent, …kabinen, Monitor, Details, Identifizierung

3b) multinational: in mehreren Staaten tätig – Metier: Beruf – Komplex: (Gebäude)block

S.146, Station 1

Zum Beispiel: Letzten Winter sind wir zum ersten Mal **Snowboard gefahren**. Stefans Vater **legt Wert** auf Höflichkeit. Es ist schrecklich, wenn Menschen **Amok laufen**. Dani findet es lustig, im Sommer auf dem kleinen See **Tretboot zu fahren**. Ich finde es aufregend, wenn Menschen **Feuer schlucken**. Manchmal ist es sehr wichtig, sich bei jemandem **Rat** zu **suchen**.

S. 146, Station 2

a) das Schlangestehen, am Skilaufen, beim Bergsteigen, das Bergwandern, zum Eislaufen, das Radfahren, Schachspielen

b) zum Beispiel: **Beim Zugfahren** schauen die Passagiere gerne aus dem Fenster. Wenn ich lernen muss, stört mich **dein Musikhören** besonders. Mein Vater meint, **dieses Schlafwandeln** sei nicht ganz ungefährlich. Ohne **das Handarbeiten** wäre es meiner Oma sicher häufig langweilig. Wir sollten uns bald mal **zum Eisessen** verabreden. Felix bekommt **vom Kaffeetrinken** manchmal Magenkrämpfe.

S.147, Station 3

Verb + Verb: laufen lernen, spazieren gehen, liegen bleiben, machen lassen, schreiben lernen, kleben bleiben, reparieren lassen, arbeiten lassen, stecken bleiben

Partizip + Verb: geschenkt bekommen, gefangen nehmen, gesagt bekommen, verloren gehen, verschlossen bleiben

1)	Straßennamen aus zusammen-gesetzten Nomen	Straßennamen mit Orts-namen auf -er	Straßennamen mit Bindestrich	mehrteilige Straßen-namen mit Lagebezeichnung
	Rathausplatz	Münchener Straße	St.-Ulrich-Straße	Hinter dem Deich
	Brunnenweg	Frankfurter Allee	Martin-Luther-King-Platz	An der Kirche
	Rheinufer	Kölner Ring	Adalbert-Stifter-Straße	Unter den Linden
		Bremer Landstraße		

Rechtschreibregeln:
- Straßennamen aus zusammengesetzten Nomen (ohne Endung) werden zusammengeschrieben, z.B. Eisenbahnstraße.
- Straßennahmen mit einem Ortsnamen auf -er werden getrennt geschrieben, z.B. Bremer Landstraße.
- Straßennamen mit mehrteiligen Personennamen werden mit Bindestrich geschrieben, z.B. Adalbert-Stifter-Straße.
- Straßennamen mit Lagebezeichnung werden getrennt geschrieben, z.B. Hinter dem Deich.

2) Sophie-Scholl-Platz, Berliner Tor, An den drei Tannen, Erlenweg, Am Stiftsplatz, Bismarckring, Ulmer Str.

S.148, Station 5

Weil ihr euch zu sehr ablenkt, dürft ihr nicht mehr **nebeneinandersitzen.**
Der Weg ist so schmal und steil, sodass wir nicht weiter **vorwärtskommen.**
Bei einer Diskussion ist es sehr störend, wenn alle **durcheinanderreden.**
Weil wir in einer Sackgasse nicht wenden konnten, mussten wir **rückwärtsfahren.**
Beim Fußballspielen kann es passieren, dass Spieler **gegeneinanderlaufen.**

S.149, Station 7

1) Nomen + Nomen: Wettervorhersage, Regenwetter, Wetterfrösche
Nomen + Adjektiv: wetterfühlig, wetterfest

3) Luft, die reich an Sauerstoff ist; Farbe, die bei jedem Wetter beständig ist; Felder, die reichen Ertrag bringen; eine Nacht, die erfüllt ist mit Angst; eine Gegend, die arm an Pflanzen ist; ein Jahrgang, der stark an Geburten ist; ein Angebot, das günstig im Preis ist; eine Straße, die arm an Verkehr ist

4) handgeschriebener Lebenslauf, luftgetrockneter Schinken, computergesteuerte Anlage, handgefertigte Einzelteile

S.150, Test: Getrennt- und Zusammenschreibung

1) Mofa fahren, das Autofahren, beim Skilaufen, Schlange stehen, das Gitarrespielen, Skateboard fahren, Fußball spielen, das Ballspielen

2) (in die) Tasche packte, untätig bleiben, auf Nummer sicher gehen, ausrauben, (zu) Boden ging, liegen blieb, spazieren ging, festnehmen

S. 151, 2)

Unsere Wälder erfüllen wichtige Schutz-, Nutz- und Erholungsfunktionen. Auf den vielseitigen umweltfreundlichen Rohstoff Holz kann nicht verzichtet werden. Die Holzwirtschaft erfordert die Pflege unserer Wälder, sorgt für die Verjüngung der Bestände und dient dem Erhalt des Waldes. Der Wald speichert bei Regen große Wassermengen. Er mindert dadurch die Hochwassergefahr, sorgt für eine langsame, gleichmäßige Wasserabgabe und bewirkt einen ausgeglichenen Wasserhaushalt. Ein gesunder Wald bremst den Wind, hält mit seinem Wurzelwerk den Boden fest. Er schützt vor Wasser- und Winderosion, Erdrutschen, Austrocknung, Steinschlag und Lawinen. Die Bedeutung des Waldes für die Erholung hat in den letzten Jahrzehnten zugenommen. In der Umgebung von Städten, Ausflugsgebieten, Fremdenverkehrszentren oder Kurorten wird der Wald besonders geschätzt. Ein abwechslungsreicher, naturnaher Wald bietet seinen Besuchern Entspannung, Ruhe, Erholung und vielfältige Naturerlebnisse.

S. 152, 2)

Die zunehmende Schar von Touristen stellt für viele arme Länder ein wachsendes Problem dar, <u>obwohl</u> der Tourismus für sie eine der wichtigsten Einnahmequellen ist. <u>Da</u> viele Touristen heute die Abgeschiedenheit einer unberührten Landschaft suchen, sind ursprüngliche Naturlandschaften mehr und mehr bedroht. Große Schwierigkeiten bereitet in den südlichen Ländern die Wasserversorgung der Touristen. Häufig werden die gesamten Wasserreserven für den Hotelbetrieb verwendet, <u>sodass</u> die Bevölkerung unter Trinkwassermangel leidet. Kein Wunder, <u>dass</u> viele Einheimische den alljährlichen Strom der Touristen mit Skepsis betrachten. <u>Obgleich</u> der Tourismus Arbeitsplätze schafft, bringt er nur wenigen Menschen tatsächlich Wohlstand. Die meisten der ärmeren Leute müssen, <u>damit</u> sie selbst überleben können, mit dem Tourismus leben.

S. 153, 2)

Elefanten haben, <u>das weiß jeder</u>, Angst vor Mäusen. Eine Maus, <u>so meinen die meisten Menschen</u>, könnte in den Elefantenrüssel kriechen. Jeder Elefant habe daher, <u>und zwar instinktiv</u>, panische Angst vor diesen winzigen Tieren. Diese Behauptung, <u>ein weit verbreitetes Vorurteil</u>, wurde längst durch Versuche widerlegt. Man hat Versuchselefanten mit Mäusen konfrontiert. Die Dickhäuter rannten keinesfalls, <u>wie allgemein erwartet</u>, davon. Vielmehr näherten sie sich den Tieren mit weit geöffnetem Rüssel, <u>und zwar ohne jegliche Anzeichen von Angst</u>. Wahrscheinlich könnte jeder Elefant, <u>sollte dies nötig sein</u>, ohne Probleme eine Maus aus dem Rüssel herausniesen.

S. 158, 2)

Tanz auf den Wellen

Blauer Himmel, Sonnenschein und aufkommender Wind locken Wasserratten aus der Stube. Sie holen ihre Bretter hervor und gleiten schwerelos übers Wasser. Wellenreiten – ein Spaß für Wagemutige. Wer wellenreiten will, muss zuerst mit seinem Gleitbrett auf das Meer hinauspaddeln, und zwar während der Flut, wenn die Wellen dem Ufer zulaufen. Es braucht einige Übung, um die richtige Welle zu erwischen, sich auf dem Brett aufzurichten und zum Strand zurückzugleiten.

S. 158, 3a) und b)

Ur-Version (Ur-Fassung) – Hawaii – Ritual (Brauch) – Kompetenz (Fähigkeit)

S. 158, 3c)

das Wellenreiten – das Surfen – ihr Können

S. 159, 4a)

Einigen **begeisterten** Wellenreitern wurde das Rauspaddeln lästig. Ende der **60er-Jahre** schon (…). Aus dem **weltweit** beliebten Windsurfen ist das **Kitesurfen** entstanden (…). Die Surfbretter zum **Kiten** bzw. Kiteboards sind viel kleiner und haben kaum **Auftrieb**. Sie gleichen am ehesten den Wakeboards beim **Wasserskilaufen**.

S. 159, 5)

die Schnellsten der Schnellen / auf einer topfebenen weißen (Adjektive) Fläche / die Bestleistung / der Aufwand / diese Rennen / riesengroß (Adjektiv) / strömungsgünstig (Adjektiv, Endung -ig) / zum Bremsen / den heißen und schädlichen (Adjektive) Abgasen / aus feuerfestem (Adjektiv) Material / die schnellen (Adjektiv) Flitzer / von überall (Adverb) her

S. 156, Test: Kommaregeln

Ein junger Mann, mit Lederjacke und Karohose bekleidet, rennt aus der Hofeinfahrt. Gehetzt blickt er um sich. Er läuft auf die Straße. Bremsen quietschen, ein dumpfer Schlag, Glas zerbricht, der Mann kommt vor einem Wagen zu Fall und bewegt sich nicht mehr.

Die Umstehenden sind vor Schreck wie erstarrt.

Doch für den jungen Mann, er stammt aus Hamburg, ist der Schock der anderen nur Bestätigung dafür, dass er seine Sache gut gemacht hat. Er ist Stuntman. Die Schlussszene zu einem neuen „Tatort" wird gedreht.

Ein Aufgebot von Helfern wimmelt herum, Autos werden umgeleitet, Straßen abgesperrt, Kamera-einstellungen erprobt, Szenen durchgesprochen.

Ein paar Mal wird geprobt, wie der Verletzte in den Notarztwagen eingeladen wird und die Abfahrt erfolgen soll. Dann heißt es wieder: „Ruhe (,) bitte! Achtung, Aufnahme!"

Sie kümmern sich buchstäblich um jeden Dreck, die Männer vom Reinigungstrupp der Autobahn-meisterei. Sie müssen einsammeln, was andere gedankenlos wegwerfen. Wenn sie nicht wären, würden wir an den Autobahnen kein Grün mehr sehen.

Einer der Arbeiter, er kommt von der Autobahnmeisterei Ludwigsburg, schimpft: „Solange auf Fla-schen nicht drei Euro Pfand sind, werden die Leute nicht vernünftig." Aber bisher lassen die Leute, das sind bundesdeutsche Autofahrer, ihrer Unvernunft freien Lauf. Denn sie leben ja in einer Weg-werfgesellschaft, die all das vergisst, was sie nicht mehr gebrauchen kann.

Auf 40 km Autobahnstrecke sammeln die „Müllmänner" drei- bis viermal in der Woche rund zwei Tonnen Dreck ein: unzählig viele Blechdosen, Flaschen, Plastiktüten, Papierfetzen und Pappkartons. Das sind Dinge, die geschwind während der Fahrt aus den
Autofenstern fliegen. Hinzu kommt der Müll, der zu Hause anfällt, z. B. Kühlschränke
und Fernseher, Bauschutt, Windeln, Käse in Plastiktüten.

S. 160, 6) Mineral- und Fossiliensuche
Wenn man Minerale und Fossilien finden will, sollte man freiliegende Gesteine, Strände, Kliffe und Flüsse untersuchen. Auch **Straßeneinschnitte**, Kiesgruben und Steinbrüche könnten **Erfolg ver-sprechen**. Das **Fossiliensuchen** ist ein Hobby für ausdauernde, **naturbegeisterte** Spaziergänger. Wichtige Hinweise findet man in Reiseführern, geologischen Karten und Museen. Man sollte aller-dings **Naturdenkmäler** und gefährlich aussehende Steilwände meiden.
Wichtig sind alte Kleidung, **trittfeste** Schuhe, Schutzbrille und Schutzhelm. Mineralsucher suchen nach frisch gebrochenen Felsen, Hohlräumen und **Verwitterungsspuren**
attraktiver Minerale. Fossilsucher suchen nach freiliegenden Gesteinen, die Teile
fossiler Pflanzen und Tiere enthalten.

S. 160, 7) Auch Pflanzen können Fieber haben
Wissenschaftler haben **festgestellt**, dass Pflanzen tatsächlich Fieber bekommen können, wenn sie krank sind. Die Blätter kranker Pflanzen **wiesen** eine drei bis fünf Grad
höhere Temperatur auf als die Blätter gesunder Pflanzen. Nachgewiesen wurde diese Tatsache mit Infrarot**thermometern** an von **Fäulnis**pilzen befallenen **Zuckerrüben** und Baumwollbüscheln. Die Beschädigungen an den Wurzeln, so lautet die **Erklärung**, **führe** zu einer Störung der **Wasseraufnah-me** der Pflanzen und das wiederum **bewirke** das
Fieber in den Blättern. Fieberanfälle wurden auch nachgewiesen, wenn die **Pflanzen** großen Durst hatten.

S. 168, 1) Konditor, Gerber, Bootsbauer

S. 176, 1) eine Wespe, eines LKW, einen Brückenpfeiler, schrammte, verursachte, verklebten, einmalige, konnten

S. 176, 2) **Nomen:** die Gelegenheit, die Behörden, zum Glück / **Verben:** irritierte, nutzte / **Adjektiv:** angriffslustig / **Konjunktionen:** dass, ob / **Präpositionen:** im, auf

S. 176, 3 a) z. B.: man, das/welches, es, es, diese, das/welches, sie, es, der/welcher, deren, er, die/welche

S. 179, 1 b/c)
In der nächsten Woche/beginnen/die großen Ferien.
(adverbiale Bestimmung der Zeit/Prädikat/Subjekt)

Simon und seine Eltern/fahren/im August/nach Griechenland.
(Subjekt/Prädikat/adverbiale Bestimmung der Zeit/adverbiale Bestimmung des Ortes)

Simon/freut sich/sehr.
(Subjekt/Prädikat/adverbiale Bestimmung der Art und Weise)

Wegen des günstigen Preises/fahren/sie/drei Wochen lang.
(adverbiale Bestimmung des Grundes/Prädikat/Subjekt/adverbiale Bestimmung der Zeit)

Dann/kann/er/sein neues Surfbrett/mitnehmen.
(adverbiale Bestimmung der Zeit/Prädikat/Subjekt/Objekt/Prädikat)

S. 173, 3 a)

Konjunktionen, die aufzählen	Konjunktionen, die einen Gegensatz verdeutlichen	Konjunktionen, die begründen
sowie / oder	Aber / weder … noch / doch / anstatt / sondern / obgleich	weil / denn / da / damit / dass

205

Stichwortverzeichnis

Das Buch wurde erarbeitet auf der Grundlage der Ausgaben von:
Dirk Held, Carmen Kromer-Maurer, Fany Toupheksis, Inge Wehrle
sowie von:
Hannelore Gabel-Monka, Ingeborg Kirsch, Marianne Steigner, Gudrun Wietusch

Redaktion: Dagmar Finke

Layoutkonzept: Christoph Schall
Layout und technische Umsetzung: Ulrike Kuhr

www.cornelsen.de

Die Internetadressen und -dateien, die in diesem Lehrwerk angegeben sind,
wurden vor Drucklegung geprüft. Der Verlag übernimmt keine Gewähr für
die Aktualität und den Inhalt dieser Adressen und Dateien oder solcher,
die mit ihnen verlinkt sind.

1. Auflage, 1. Druck 2006/06

Alle Drucke dieser Auflage sind inhaltlich unverändert und
können im Unterricht nebeneinander verwendet werden.

Druck: CS-Druck CornelsenStürtz, Berlin

ISBN-13: 978-3-464-60477-9
ISBN-10:   3-464-60477-2